Papst Franziskus

Das Glück in diesem Leben

PAPST FRANZISKUS

Das Glück in diesem Leben

Übersetzt aus dem Italienischen
von Julika Betz, Stefanie Römer und Julia Schott

Kösel

Sollte diese Publikation Links auf Webseiten Dritter enthalten,
so übernehmen wir für deren Inhalte keine Haftung,
da wir uns diese nicht zu eigen machen, sondern lediglich auf
deren Stand zum Zeitpunkt der Erstveröffentlichung verweisen.

FSC www.fsc.org MIX Papier aus verantwortungsvollen Quellen FSC® C014889

Verlagsgruppe Random House FSC® N001967

Umschlag: Weiss Werkstatt, München
Satz: Uhl + Massopust, Aalen
Druck und Bindung: Friedrich Pustet, Regensburg
Printed in Germany
ISBN 978-3-466-37217-1
www.koesel.de

Titel der Originalausgabe: *La felicità in questa vita*

www.edizpiemme.it

Dieses Buch ist auch als E-Book erhältlich.

INHALTSVERZEICHNIS

Der Weg des Glücks 7

I. DEIN LEBEN AUF DER SUCHE NACH DEM SINN 9

Träume und Projekte, Zukunft und Hoffnungen 11
Das Geheimnis des Lebens 47
Freie und befreite Menschen 81

II. DU UND DIE ANDEREN – GLÜCK IN DEN BEZIEHUNGEN 95

Sei ein Licht, das überspringt 97
Die Familie, Fülle des Lebens 125
Gelungene Existenzen: Mit Freude gelebte Berufungen 143
Das Geschenk und die Mühe, eine Frau zu sein 163

III. DAS HUNDERTFACHE AUCH IM LEID 179

Jenseits der Tränen und der Einsamkeit .. 181
Von Fehlern zur Vergebung 213
Das Hundertfache und die Ewigkeit 231

IV. WER BETET, WIRD HEIL ERFAHREN 257

Das Gebet macht den Menschen vollkommen 259
Gebete von Papst Franziskus für ein erfülltes Leben 269

DER WEG DES GLÜCKS

Die Seligpreisungen sind der Weg, den Gott uns als Antwort auf die Sehnsucht des Menschen nach Glück aufzeigt, und vollenden die Gebote des Alten Bundes. Wir alle sind mit den zehn Geboten vertraut – gewiss kennt sie ein jeder von euch, ihr alle habt sie im Religionsunterricht gelernt –, aber wir sind es nicht gewohnt, die Seligpreisungen regelmäßig aufzusagen. Versuchen wir dennoch, sie uns ins Gedächtnis zu rufen und sie in unser Herz einzuprägen.

Die erste: »Selig, die arm sind vor Gott, denn ihnen gehört das Himmelreich.«
»Selig die Trauernden, denn sie werden getröstet werden.«
»Selig, die keine Gewalt anwenden, denn sie werden das Land erben.«
»Selig, die hungern und dürsten nach der Gerechtigkeit, denn sie werden satt werden.«
»Selig die Barmherzigen, denn sie werden Erbarmen finden.«

»Selig, die ein reines Herz haben, denn sie werden Gott schauen.«

»Selig, die Frieden stiften, denn sie werden Söhne Gottes genannt werden.«

»Selig, die um der Gerechtigkeit willen verfolgt werden, denn ihnen gehört das Himmelreich.«

»Selig seid ihr, wenn ihr um meinetwegen beschimpft und verfolgt und auf alle mögliche Weise verleumdet werdet.«

»Freut euch und jubelt: Euer Lohn im Himmel wird groß sein.«

Schlagt das Evangelium auf, und zwar das, das ihr bei euch tragt ... Denkt daran, immer ein kleines Evangelium bei euch zu tragen, in der Jackentasche, in der Handtasche, immer. Im fünften Kapitel des Matthäusevangeliums stehen die Seligpreisungen. Lest sie jeden Tag, um sie nicht zu vergessen, denn sie sind das Gesetz, das uns Jesus gibt!

In diesen Worten steckt die ganze Neuheit, die Christus uns gebracht hat, und die ganze Neuheit Christi steckt in diesen Worten. Die Seligpreisungen nämlich sind das Abbild Jesu, seine Form des Lebens; und sie sind der Weg zum wahren Glück, den auch wir gehen können dank der Gnade, die Jesus uns schenkt.

Generalaudienz, 6. August 2014

I

DEIN LEBEN AUF DER SUCHE NACH DEM SINN

TRÄUME UND PROJEKTE, ZUKUNFT UND HOFFNUNGEN

»Mit Jesus Christus kommt immer –
und immer wieder –
die Freude.«
Evangelii gaudium

Das Evangelium des verwirklichten Lebens

Die Freude des Evangeliums erfüllt das Herz und das gesamte Leben derer, die Jesus begegnen. Diejenigen, die sich von Ihm retten lassen, sind frei von der Sünde, von der Trauer, von der inneren Leere und von der Vereinsamung.

Evangelii gaudium, 1

Die große Frage: Ist die Hoffnung möglich, im Hier und Jetzt?

Der *schwindelerregende Rhythmus*, dem wir unterworfen sind, scheint uns aller Hoffnung und Freude zu berauben. Der Druck und die Machtlosigkeit angesichts etlicher Situationen scheinen unsere Seele abzustumpfen und uns den zahllosen Herausforderungen gegenüber gefühllos zu machen. Und paradoxerweise hat man, während sich alles beschleunigt, um – theoretisch – eine bessere Gesellschaft zu errichten, am Ende für nichts und niemanden mehr Zeit. Wir haben kaum mehr Zeit für die Familie, kaum mehr Zeit für die Gemeinschaft, kaum mehr Zeit für die Freundschaft, für die Solidarität und die Erinnerung.

Es wird uns guttun, uns zu fragen: *Wie ist es möglich, heutzutage die Freude des Evangeliums inmitten unserer Städte zu leben? Ist die christliche Hoffnung in dieser Situation überhaupt möglich, hier und jetzt?*

Diese beiden Fragen rühren an unsere Identität, an das Leben unserer Familien, unserer Länder und unserer Städte.

Homilie, 25. März 2017

Salat mit Öl …

Jesus hat gerade aufgehört, von der Gefahr des Reichtums zu sprechen, davon, wie schwierig es für einen Reichen ist, in das Himmelreich zu kommen. Da stellt Petrus ihm diese Frage: »Wir haben alles verlassen und sind dir nachgefolgt. Was wird unser Lohn sein?« Jesus ist großzügig und hebt an, Petrus zu antworten: »Wahrlich, ich sage euch: Es ist niemand, der Haus oder Brüder oder Schwestern oder Mutter oder Vater oder Kinder oder Äcker verlässt um meinetwillen und um des Evangeliums willen, der nicht hundertfach empfange: jetzt in dieser Zeit Häuser und Brüder und Schwestern und Mütter und Kinder und Äcker …«.

Vielleicht dachte Petrus: »Das klingt nach einem guten Geschäft, wenn wir Jesus folgen, wird uns dies mehrfach, ja hundertfach vergolten.« Doch da fügt Jesus drei kleine Wörter hinzu: »mitten unter Verfolgungen«. Und danach wird dir das ewige Leben zuteil. Ja, ihr habt alles hinter euch gelassen und werdet hier auf Erden viele Dinge erhalten, aber nur unter Verfolgung.

Es ist wie ein Salat mit dem Öl der Verfolgung. Dies ist der Lohn des Christen und dies ist der Weg dessen, der Jesus nachfolgen möchte. Denn es ist der Weg, den Er gegangen ist: Er ist verfolgt worden.

Homilie in Santa Marta, 9. Juni 2014

Öffne dein Herz der Langsamkeit des Himmelreiches

In den Gleichnissen lehrt uns Jesus, dass das Reich demütig in die Welt eintritt und sich still, aber beständig dort entfaltet, wo es von Herzen empfangen wird, die offen für seine Botschaft der Hoffnung und des Heils sind. Das Evangelium lehrt uns, dass der Geist Jesu dem Herzen eines jeden Menschen neues Leben bringen und jede Situation, auch die scheinbar hoffnungsloseste, verwandeln kann. Jesus kann verwandeln, kann jede Situation verwandeln! Das ist das Geheimnis, das ihr mit euren Mitmenschen teilen sollt: in der Schule, bei der Arbeit, in euren Familien, in der Universität und in eurer Gemeinde. Weil Jesus von den Toten auferstand ist, wissen wir, dass Er »Worte des ewigen Lebens« hat (*Joh* 6,68) und dass sein Wort die Macht hat, jedes Herz zu berühren, das Böse zu besiegen und die Welt zu verändern und zu erlösen.

Ansprache, 15. August 2014

Wie geht das mit der Freude?

Schon der heilige Paulus schrieb: »Freuet euch im Herrn zu jeder Zeit … Der Herr ist nahe!« (*Phil* 4,4-5). Also … ich würde euch heute gerne einmal eine Frage stellen. Aber Trägt denn jeder die Freude in seinem Herzen, bringt sie nach Hause, ja? … wie eine Pflicht, die es zu erledigen gilt. Die Antwort ergibt sich von selbst. Wie kommt die Freude zu dir, in dein Zuhause? Wie kommt die Freude in deine Familie? Also, gebt euch selbst die Antwort.

Liebe Familien, ihr wisst es genau: Die wahre Freude, die man in der Familie erfährt, ist nichts Oberflächliches, kommt nicht von den Dingen, den günstigen Umständen … Die wahre Freude entsteht aus einer tiefen Harmonie zwischen den Menschen, die wir in unseren Herzen empfinden, und die uns die Schönheit der Zusammengehörigkeit, der gegenseitigen Unterstützung auf dem Weg des Lebens spüren lässt. Doch das Fundament dieser tief empfundenen Freude ist die Gegenwart Gottes, die Gegenwart Gottes in der Familie, seine allumfassende, barmherzige und respektvolle Liebe uns allen gegenüber. Und vor allem eine geduldige Liebe: Die Geduld ist eine Tugend Gottes und lehrt uns auch innerhalb der Familie füreinander diese geduldige Liebe aufzubringen. Geduld miteinander zu haben. Geduldige Liebe. Nur Gott vermag die Harmonie der Gegensätze zu erschaffen. Wenn die Liebe Gottes fehlt, geht auch die Harmonie in der Familie verloren, gewinnen die Individualismen die Oberhand, erlischt die Freude. Die Familie aber, die die Freude des Glaubens lebt, gibt sie spontan weiter, sie ist das Salz der Erde und das Licht der Welt, sie ist der Sauerteig für die ganze Gesellschaft.

Homilie, 27. Oktober 2013

Zügle nicht deine Träume

Dies möchte ich vor allem den Jüngeren sagen, die – auch wegen ihres Alters und der Zukunftsaussicht, die sich vor ihnen auftun – hilfsbereit und großzügig sind. Manchmal besteht die Gefahr, dass die Unwägbarkeiten, die Zukunftsängste und die Unsicherheit, die in den Alltag eindringen, ihren Schwung lähmen, ihre Träume soweit bremsen, dass sie denken, es sei nicht mehr der Mühe wert, sich zu engagieren, und dass der Gott des christlichen Glaubens ihre Freiheit einschränke. Dabei sollt ihr, liebe Jugendliche, keine Angst haben, aus euch herauszugehen und euch auf den Weg zu machen! Das Evangelium ist das Wort, das befreit, verwandelt und unser Leben viel schöner macht!

Botschaft zum Weltgebetstag für geistliche Berufe, 29. März 2015

Du fühlst dich nicht wahrgenommen? Lass dich in Gottes Arme fallen

Oft können wir Gottes Plan nicht begreifen und merken, dass wir nicht in der Lage sind, für uns selbst das Glück und das ewige Leben sicherzustellen. Gerade in der Erfahrung unserer Grenzen und unserer Armseligkeit jedoch tröstet uns der Heilige Geist und lässt uns spüren, was einzig und allein wichtig ist: sich von Jesus in die Arme seines Vaters führen zu lassen.

Generalaudienz, 11. Juni 2014

Der Lebensweg der Heiligen (und der deine)

Wenn es etwas gibt, das die Heiligen kennzeichnet, dann dies, dass sie wahrhaft *glücklich* sind. Sie haben das Geheimnis des echten Glücks entdeckt, das auf dem Grund der Seele wohnt und seine Quelle in der Liebe Gottes hat. Deshalb werden die Heiligen seliggepriesen.

Homilie, 1. November 2016

Gott tröstet dich wie eine Mutter

Wie eine Mutter die Lasten und Mühen ihrer Kinder auf sich nimmt, so nimmt Gott gerne die Bürde unserer Sünden und Sorgen auf sich. Er, der uns kennt und uns unendlich liebt, ist unserem Gebet gegenüber empfänglich und vermag unsere Tränen zu trocknen. Sobald er seinen Blick auf uns lenkt, wird er vor innigster Liebe gerührt und lässt sich erweichen, denn jenseits des Bösen, zu dem wir fähig sind, sind wir doch stets seine Kinder. Er möchte uns in die Arme nehmen, uns beschützen, uns von den Gefahren und dem Bösen befreien. Lassen wir in unserem Herzen jene Worte widerhallen, die Er heute an uns richtet: »Wie eine Mutter werde ich euch trösten.«

Homilie, 1. Oktober 2016

Die Gestalt Christi ist deine Verwirklichung

Der Gläubige lernt sich selbst ausgehend von dem Glauben zu sehen, den er bekennt: Die Gestalt Christi ist der Spiegel, in dem er das eigene Bild verwirklicht sieht. Und wie Christus alle Gläubigen umfasst, die seinen Leib bilden, begreift der Christ sich selbst in diesem Leib, in einer ursprünglichen Beziehung zu Christus und seinen Brüdern und Schwestern im Glauben.

Lumen fidei, 22

Sei ein Kind in der Umarmung des Geistes

Wenn der Heilige Geist einzieht in unserem Herzen, schenkt er uns Trost und Frieden, und macht, dass wir uns fühlen, wie wir wirklich sind, also klein, mit der von Jesus im Evangelium so sehr angeratenen Haltung dessen, der all seine Sorgen und Erwartungen in Gottes Hand gibt und sich geborgen und umhüllt von seiner Wärme und seinem Schutz fühlt, genau wie ein

Kind bei seinem Vater! Das macht der Heilige Geist in unseren Herzen: dass wir uns fühlen wie Kinder in den Armen unseres Vaters. In diesem Sinne also verstehen wir gut, wie die Ehrfurcht vor Gott in uns die Form der Fügsamkeit, der Dankbarkeit und der Lobpreisung annimmt, indem sie unser Herz mit Hoffnung erfüllt.

Generalaudienz, 11. Juni 2014

Ich wünsche mir eine Liebe, die für immer währt

Das Herz des Menschen strebt nach großen Dingen, nach wichtigen Werten, nach tiefen Freundschaften, nach Bindungen, die in den Prüfungen des Lebens stärker werden anstatt zu zerreißen. Der Mensch strebt danach zu lieben und geliebt zu werden. Das ist unser innigstes Bestreben: zu lieben und geliebt zu werden – und das für immer. Die Kultur des Provisorischen erhöht unsere Freiheit nicht, sondern beraubt uns unserer wahren Bestimmung, unserer wahrhaftigsten und ursprünglichsten Ziele. Es ist ein zerstückeltes Leben. Es ist traurig, ein gewisses Alter zu erreichen, den zurückgelegten Weg zu betrachten und festzustellen, dass, dass er aus einzelnen Teilen zusammengestückelt wurde, ohne Einheit, ohne Endgültigkeit: alles provisorisch …

Ansprache, 5. Juli 2014

In einer Zeit der Waisen hast du einen Vater

Gott ist kein fernes und anonymes Wesen: er ist unsere Zuflucht, die Quelle unserer Gelassenheit und unseres Friedens. Er ist der Fels unseres Heils, an dem wir uns festhalten können im Vertrauen darauf, nicht zu fallen; wer sich an Gott festhält, fällt niemals! Er ist unsere Verteidigung gegen das Böse, das immer auf der Lauer liegt. Gott ist unser großer Freund, unser Verbündete, unser Vater, doch nicht immer sind wir uns dessen bewusst. Wir sind uns nicht bewusst, dass wir einen Freund, einen Verbündeten, einen Vater haben, der uns liebt, und verlassen uns lieber auf direkt verfügbare Güter, die wir berühren können, auf unwichtige Güter, und dabei vergessen oder verweigern wir manchmal auch das höchste Gut – die väterliche Liebe Gottes. Ihn als Vater zu spüren, ist in dieser Zeit der Verwaisung so wichtig! In dieser verwaisten Welt den Vater zu spüren.

Angelus, 26. Februar 2017

Ich kann nicht mehr …

Alleine können wir es nicht schaffen. Angesichts des von den Ereignissen und Moden ausgehenden Drucks werden wir alleine niemals in der Lage sein, den richtigen Weg zu finden, und selbst wenn wir ihn fänden, hätten wir nicht genügend Kraft, um durchzuhalten, die unerwarteten Anstiege und Hindernisse zu bewältigen. Und hier setzt die Einladung unseres Herrn Jesus Christus an: »Wenn du willst … folge mir nach«. Er lädt uns ein, um uns auf dem Weg zu begleiten, nicht um uns auszubeuten, nicht um uns zu Sklaven zu machen, sondern um uns frei zu machen. Zu dieser Freiheit lädt er uns ein, um uns auf unserem Weg zu begleiten. Jawohl. Nur *gemeinsam mit Jesus*, indem wir zu ihm beten und ihm nachfolgen, klärt sich unsere Sicht und wir finden die Kraft, sie voranzubringen. Er liebt uns für immer, er hat uns für immer erwählt, er hat sich für jeden von uns für immer hingegeben. Er ist unser Beschützer und unser großer Bruder und wird unser einziger Richter sein. Wie schön ist es, den Wechselfällen des Lebens in Gesellschaft Jesu begegnen zu können, seine Person und seine Botschaft an unserer Seite zu haben! Er nimmt uns nicht unsere Selbstbestimmung oder Freiheit; im Gegenteil, indem er unsere Gebrechlichkeit stärkt, erlaubt er uns, wahrhaft frei zu sein, frei, Gutes zu tun, stark genug, es weiterhin zu tun, fähig zu vergeben und um Vergebung zu bitten. Dies ist Jesus, der uns begleitet, so ist der Herr!

Ansprache, 5. Juli 2014

Kapsle dich nicht ab, lass dich nicht erdrücken, bleib kein Gefangener

Kapselt euch nicht von der Außenwelt ab, lasst euch nicht von den kleinen häuslichen Ärgernissen erdrücken, bleibt nicht die Gefangenen eurer Probleme. Sie alle werden sich lösen, wenn ihr hinausgeht, um den anderen zu helfen, ihre Probleme zu lösen, und um die frohe Botschaft zu verkünden. Ihr werdet das Leben findet, indem ihr euer Leben hingebt, die Hoffnung, indem ihr Hoffnung schenkt, die Liebe, indem ihr liebt.

Apostolisches Schreiben zum Jahr des geweihten Lebens, 21. November 2014

Geh aus dir selbst heraus, geh aus dir selbst heraus: und du wirst hundertfach empfangen

An der Wurzel jeder christliche Berufung findet sich diese grundlegende Bewegung der Glaubenserfahrung: Glauben heißt aus sich selbst herausgehen, sich aus der Bequemlichkeit und Starre des eigenen Ichs zu lösen, um unser Leben auf Jesus Christus als Mittelpunkt auszurichten, und wie Abraham das eigenen Land verlassen und sich voller Vertrauen auf den Weg machen, im Wissen, dass Gott den Weg zum neuen Land weisen wird. Dieser »Ausstieg« ist nicht als Geringschätzung des eigenen Lebens, des eigenen Empfindens, der eigenen Menschlichkeit zu verstehen – im Gegenteil, wer sich in der Nachfolge Christi auf den Weg macht, findet Leben in Hülle und Fülle, indem er sich gänzlich Gott und seinem Reich zur Verfügung stellt. Jesus sagt: »Jeder, der um meines Namens willen Häuser oder Brüder, Schwestern, Vater, Mutter, Kinder oder Äcker verlassen hat, wird dafür das Hundertfache erhalten und das ewige Leben gewinnen.« (*Mt* 19,29). All das hat seine tiefe Wurzel in der Liebe.

Botschaft zum Weltgebetstag für geistliche Berufe,
29. März 2015

Durchbrich die Barriere der Angst

Es waren die ersten Worte, die der Erzengel Gabriel an die heilige Jungfrau richtete: »Sei gegrüßt, du Begnadete! Der Herr ist mit dir!« (*Lk* 1,28). Das Leben dessen, der Jesus entdeckt hat, wird von einer so großen inneren Freude erfüllt, dass nichts und niemand sie ihm nehmen kann. Christus schenkt denen, die ihm folgen, die Kraft, nicht traurig und verzagt zu werden bei dem Gedanken, dass es keine Lösung für die Probleme gibt. Im Vertrauen auf diese Wahrheit zweifelt der Christ nicht daran, dass alles, was wir mit Liebe tun, eine heitere Freude erzeugt, Schwester jener

Hoffnung, welche die Barriere der Angst durchbricht und uns die Türen zu einer verheißungsvollen Zukunft öffnet.

Botschaft, 8. September 2014

Gib dich nicht mit einem Leben »im Kleinen« zufrieden

Strebt ihr wirklich nach dem Glück? In einer Zeit, in der man von so viel scheinbarem Glück angezogen wird, läuft man Gefahr, sich mit wenig zufriedenzugeben, der Vorstellung eines Lebens »im Kleinen« nachzuhängen. Ihr sollt aber nach großen Dingen streben! Weitet eure Herzen! Wie sagte der selige Piergiorgio Frassati: »Leben ohne Glauben, ohne ein Erbe, das es zu verteidigen gilt, ohne ein ständiges Ringen um die Wahrheit heißt nicht leben, sondern dahinvegetieren. Wir dürfen niemals dahinvegetieren, sondern müssen leben« (Brief an I. Bonini, 27. Februar 1925).

Botschaft zum Weltjugendtag, 21. Januar 2014

Lass zu, dass der Heilige Geist dein Herz öffne

Genau deshalb brauchen wir diese Gabe des Heiligen Geistes so dringend. Die Gottesfurcht lässt uns bewusst werden, dass alles von der Gnade kommt, und dass unsere wahre Kraft einzig darin besteht, Jesus, unserem Herrn, nachzufolgen und zuzulassen, dass der Vater seine Güte und seine Barmherzigkeit über uns ausgieße. Das Herz zu öffnen, damit die Güte und die Barmherzigkeit Gottes zu uns kommen mögen. Das bewirkt der Heilige Geist mit der Gabe der Gottesfurcht: Er öffnet die Herzen. Ein offenes Herz, damit die Vergebung, die Barmherzigkeit, die Liebkosung des Vaters zu uns gelangen mögen, denn wir sind seine unendlich geliebten Kinder.

Generalaudienz, 11. Juni 2014

Heute braucht man Mut

Heute ist die Zeit der Mission und die Zeit des Mutes! Mut, um den schwankenden Schritten wieder Festigkeit zu geben, um erneut Geschmack daran zu finden, sich für das Evangelium hinzugeben, um wieder Vertrauen in die Kraft zu setzen, die die Mission mit sich bringt. Es ist die Zeit des Mutes, auch wenn Mut haben nicht gleichzeitig eine Garantie für Erfolg ist. Von uns wird der Mut verlangt zu kämpfen, nicht unbedingt, um zu siegen; der Mut zu verkündigen, nicht unbedingt, um zu bekehren. Von uns wird der Mut verlangt, ein Gegenentwurf zur Welt zu sein, ohne jedoch jemals polemisch oder aggressiv zu werden. Von uns wird der Mut verlangt, uns allen zu öffnen, ohne jemals die Absolutheit und Einzigartigkeit Christi herabzuwürdigen, des alleinigen Erlösers aller Menschen. Von uns wird der Mut verlangt, uns der Ungläubigkeit entgegenzustellen, ohne arrogant zu werden. Von uns wird auch der Mut des Zöllners aus dem heutigen Evangeliums verlangt, der in seiner Demut nicht die Augen zum Himmel zu erheben wagte und sich stattdessen auf die Brust schlug mit den Worten: »Gott, sei mir Sünder gnädig«. Heute ist die Zeit des Mutes! Heute braucht es Mut!

Angelus, 23. Oktober 2016

Gott im Herzen

Den Trost, den wir inmitten der stürmischen Ereignisse des Lebens benötigen, ist eben die Gegenwart Gottes im Herzen. Denn seine Gegenwart in uns ist die Quelle des wahren Trostes, der bleibt, der vom Bösen befreit, der den Frieden bringt und die Freude wachsen lässt.

Homilie, 1. Oktober 2016

Wer langweilt Papst Franziskus?

Wenn ich einen Jugendlichen oder eine Jugendliche vom Herrn sprechen höre, oder einen Katecheten, eine Katechetin, oder wen auch immer, langweile ich mich. Wir sprechen immer mit einer gewissen Traurigkeit vom Herrn. Dabei hat Er *Freude* gesagt: Das ist es, das

Geheimnis. Vom Herrn *mit Freude* sprechen, das ist es, was sich *christliches Zeugnis* nennt. Versteht ihr?

Begegnung, 15. Januar 2017

Sei ein Mensch, der das Leben besingt

Menschen sein, die das Leben besingen, die den Glauben besingen. Das ist wichtig: Das *Credo* nicht nur herunterbeten, den Glauben nicht nur aufsagen und kennen, sondern den Glauben besingen! Das ist es. Den Glauben bekennen, den Glauben mit Freude leben – das heißt »den Glauben besingen«. Und das sage nicht ich! Das hat vor 1600 Jahren der heilige Augustinus gesagt: »Den Glauben besingen!«

Ansprache, 3. Mai 2014

Der Destillierkolben der Angst

Es ist leichter, an einen Geist zu glauben, als an den lebendigen Christus! Es ist leichter, zu einem Wahrsager zu gehen, der dir die Zukunft voraussagt, der dir die Karten legt, als in die Hoffnung auf einen siegreichen Christus zu vertrauen, einen Christus, der den Tod besiegt hat! Eine Idee, eine Vorstellung ist viel einfacher als sich diesem Herrn zu fügen, der vom Tod aufersteht, der dich wer weiß wozu einlädt! Dieser Prozess, den Glauben so sehr zu relativieren, führt uns weg von der Begegnung mit Gott, von der Liebkosung Gottes. Es ist, als »destillierten« wir die wahre Begegnung mit Jesus Christus im Destillierkolben der Angst, im Destillierkolben der übertriebenen Sicherheit und des Verlangens, selbst die Begegnung zu kontrollieren. Die Jünger hatten Angst vor der Freude … wie auch wir.

Homilie, 24. April 2014

Glück lässt sich nicht kaufen

Das Glück lässt sich nicht kaufen. Und wenn du das Glück kaufst, stellst du bald fest, dass sich dieses Glück in Luft aufgelöst hat … Das Glück, das man kauft, ist nicht von Dauer. Nur das Glück der Liebe, das ist von Dauer!

Und der Weg der Liebe ist einfach: Liebe Gott und Liebe deinen Nächsten, Deinen Bruder und Deine Schwester, den, der Liebe braucht und viele andere Dinge. »Aber, Vater, wie weiß ich, ob ich Gott liebe?« Ganz einfach, wenn du deinen Nächsten liebst, wenn du nicht hasst, wenn du keinen Hass in deinem Herzen trägst, liebst du Gott. Das ist der sichere Beweis.

Ansprache, 15. August 2014

Willst auch du weggehen?

Jesus wendet sich an uns … damit wir seinem Lebensvorschlag antworten, damit wir uns entscheiden, welchen Weg wir einschlagen wollen, um zur wahren

Freude zu gelangen. Dies ist eine große Herausforderung für den Glauben. Jesus hat keine Angst gehabt, seine Jünger zu fragen, ob sie ihm wirklich folgen oder lieber ihres Wegs gehen wollten (vgl. *Joh* 6,67). Und Simon, genannt Petrus, hatte den Mut zu antworten: »Herr, zu wem sollen wir gehen? Du hast Worte des ewigen Lebens.« (*Joh* 6,68). Wenn auch ihr zu Jesus »Ja« zu sagen vermögt, wird euer Leben sich mit Sinn erfüllen und so reiche Früchte tragen.

Botschaft zum Weltjugendtag 2014

Schau auf deine Begabungen, schau auf deine Grenzen: Du bist nicht allein!

Menschen, die ihre eigenen Begabungen und Grenzen zu erkennen vermögen, die in der Lage sind, an jedem ihrer Tage, auch an den dunkelsten, die Zeichen der Gegenwart des Herrn zu erkennen. Sich freuen, weil der Herr euch gerufen hat, mitverantwortlich für die Sendung seiner Kirche zu sein. Sich freuen, weil ihr auf diesem Weg nicht allein seid: Da ist der Herr, der euch begleitet, da sind eure Bischöfe und Priester, die euch unterstützen, da sind eure Pfarrgemeinden, eure Diözesangemeinschaften, mit denen gemeinsam ihr den Weg geht. Ihr seid nicht allein!

Ansprache, 3. Mai 2014

Stell dich dem Leben als starke und nicht als satte Person

Es ist sehr traurig, eine »satte«, aber schwache Jugend zu sehen. Der heilige Johannes schrieb an die Jungen: »Seid stark und das Wort Gottes bleibt in euch und ihr habt den Bösen besiegt« (*1 Joh* 2,14). Die jungen Menschen, die Christus wählen, sind stark, sie nähren sich von seinem Wort und »stopfen« keine anderen Dinge in sich hinein! Habt den Mut, gegen den Strom zu schwimmen. Habt den Mut zum wahren Glück! Sagt »Nein« zur Kultur des Provisorischen, der Oberflächlichkeit und der Ausmusterung, die euch für unfähig hält, Verantwortung zu übernehmen und euch den großen Herausforderungen des Lebens zu stellen.

Botschaft zum Weltjugendtag, 21. Januar 2014

Habt niemals Angst, die Fröhlichkeit zu riskieren

Im Ausschnitt aus dem Evangelium, den wir soeben gehört haben, gelingt es den Jünger nicht, an die Freude zu glauben, die sie empfinden, weil sie nicht an den Grund dieser Freude glauben können. So sagt es das Evangelium. Werfen wir einen Blick auf die Szene: Jesus ist auferstanden, die Emmaus-Jünger haben erzählt, was ihnen widerfahren ist. Auch Petrus erzählt, was er gesehen hat. Dann erscheint der Herr selbst im

Raum und sagt zu ihnen: »Friede sei mit euch«. Verschiedene Gefühle wühlen die Herzen der Jünger auf: Angst, Überraschung, Zweifel und schließlich Freude. Eine so große Freude, dass sie vor Freude »nicht glauben konnten«. Sie sind bestürzt, schockiert, und Jesus bittet sie – man meint ihn beinahe leise lächeln zu sehen – um etwas zu essen und beginnt die Schrift auszulegen, wobei er ihnen die Augen öffnet, damit sie verstehen. Es ist der Moment des Erstaunens, der Begegnung mit Jesus Christus, in dem uns so viel Freude kaum wahr scheint; mehr noch, die Freude und die Heiterkeit in diesem Moment anzunehmen, erscheint uns riskant und wir spüren die Versuchung, uns in den Skeptizismus, in das »Nur nicht übertreiben« zu flüchten.

Homilie, 24. April 2014

Der Stil von Jesus ist unsere Freiheit

Der Zweck, dass Jesus den Weg der Armut gewählt hat, liegt nicht in der Armut an sich, sondern darin – so sagt der heilige Paulus – »...um euch durch seine Armut reich zu machen«. Und es handelt sich hier nicht nur um ein reines Wortspiel, eine reißerische Formulierung! Es ist vielmehr die Quintessenz der Logik Gottes, der Logik der Liebe, der Logik der Menschwerdung und des Kreuzes. Gott hat das Heil nicht von oben auf uns herabregnen lassen wie das Almosen dessen, der einen Teil seines eigenen Überflusses mit frömmelndem Mitleid hergibt. So ist sie nicht, die Liebe Christi! Als Jesus in die Wasser des Jordans hinabsteigt, um sich von Johannes dem Täufer taufen zu lassen, tut er dies nicht, weil er Buße, Bekehrung nötig hätte; er tut es, um sich in die Mitte der Menschen, die der Vergebung bedürfen, in die Mitte von uns Sündern zu begeben, und die Bürde unserer Sünden auf sich zu nehmen. Dies ist der Weg, den er gewählt hat, um uns zu trösten, um uns zu erretten und uns aus unserem Elend zu befreien.

Botschaft zur Fastenzeit, 2014

Sagen wir es alle: Mit Jesus kehrt die Freude in unser Zuhause ein!

Jesus ist gekommen, um uns allen für immer die Freude zu bringen. Und hier ist nicht die Rede von einer erhofften Freude, später im Paradies ... hier auf der Erde sind wir traurig, aber im Paradies werden wir von Freude erfüllt sein! Nein! Solcherart ist sie nicht, diese Freude, sondern sie ist eine bereits jetzt reale und erfahrbare Freude, denn *Jesus selbst ist unsere Freude*, und mit Jesus kehrt die Freude in unser Zuhause ein, wie euer Schild dort sagt. Sagen wir es alle: »Mit Jesus kehrt die Freude in unser Zuhause ein.« Noch einmal: »Mit Jesus kehrt die Freude in unser Zuhause ein.« Und ohne Jesus, kann es da Freude geben? Nein! Richtig! Er lebt, er ist der Auferstandene, und in uns und durch uns wirkt er vor allem mit dem Wort und den Sakramenten.

Angelus, 14. Dezember 2014

Kommt alle zu mir, die ihr euch plagt!

Im Matthäusevangelium gibt es ein Wort Jesu, das uns entgegenkommt: »Kommt alle zu mir, die ihr euch plagt und schwere Lasten zu tragen habt. Ich werde euch Ruhe verschaffen« (*Mt* 11,28). Das Leben ist oft anstrengend, oftmals auch tragisch! … Arbeiten ist Anstrengung; Arbeit suchen ist Anstrengung. Arbeit zu finden, verlangt heute ungeheure Anstrengung! Aber das ist es nicht, was das Leben am meisten belastet: Was es mehr als alles andere belastet, ist der Mangel an Liebe. Es belastet, kein Lächeln zu bekommen, nicht angenommen zu werden. Belastend ist auch ein ganz bestimmtes Schweigen, manchmal sogar innerhalb der Familie, zwischen Mann und Frau, zwischen Eltern und Kinder, zwischen Geschwistern. Ohne Liebe wird die Anstrengung zu einer noch größeren, unerträglichen Last. Ich denke an die einsamen Alten, an die Familien, die sich abrackern, weil sie keinerlei Hilfe bekommen bei der Unterstützung derer zuhause, die besondere Zuwendung und Pflege brauchen. »Kommt alle zu mir, die ihr euch plagt und schwere Lasten zu tragen habt«, sagt Jesus.

Ansprache, 26. Oktober 2013

Quelle, Offenbarung, Seele

Der Vater ist der Quell der Freude. Der Sohn ist ihre Offenbarung, und der Heilige Geist beseelt uns mit ihr. Gleich nachdem er den Vater gepriesen hat, lädt uns Jesus, wie der Evangelist Matthäus sagt, ein: »Kommt alle zu mir, die ihr euch plagt und schwere Lasten zu tragen habt. Ich werde euch Ruhe verschaffen. Nehmt mein Joch auf euch und lernt von mir; denn ich bin gütig und von Herzen demütig; so werdet ihr Ruhe finden für eure Seele. Denn mein Joch drückt nicht und meine Last ist leicht« (*Mt* 11,20-30). »Die Freude des Evangeliums erfüllt das Herz und das gesamte Leben derer, die Jesus begegnen. Diejenigen, die sich von Ihm retten lassen, sind frei von der Sünde, von der Trauer, von der inneren Leere und von der Vereinsamung. Mit Jesus Christus kommt immer – und immer wieder – die Freude.« (Apostolisches Schreiben *Evangelii gaudium,* 1) Dank solch einer Begegnung mit Jesus hat die Jungfrau Maria eine einzigartige Erfahrung gemacht und wurde *causa nostrae laetitiae*, »der Grund unserer Freude«. Die Jünger hingegen wurden gerufen, bei Jesus zu sein und von ihm ausgesandt zu werden, um zu predigen, und dadurch wurden sie mit Freude erfüllt. Warum lassen nicht auch wir uns von diesem Strom der Freude mitreißen?

Botschaft, 8. Juni 2014

Lass deinen Wasserkrug stehen

Im Evangelium von der Samariterin finden wir den Ansporn, »unseren Wasserkrug stehen zu lassen« – das Symbol all dessen, was uns momentan wichtig erscheint, aber angesichts der »Liebe Gottes« seinen Wert verliert. Wir alle haben einen, oder gar mehr als einen! Ich frage nicht nur euch, sondern auch mich: »Was ist dein innerer Wasserkrug, der eine Last für dich ist, der dich von Gott fernhält?« Stellen wir ihn einmal kurz beiseite und lauschen mit unserem Herzen der Stimme Jesu, die uns ein anderes Wasser anbietet, ein anderes Wasser, das uns dem Herrn näherbringt. Wir sind gerufen, die Bedeutung und den Sinn unseres durch die Taufe begonnenen christlichen Lebens wiederzuentdecken, und wie die Samariterin vor unseren Brüdern und Schwestern Zeugnis abzulegen. Und worüber? Über die Freude! Die Freude der Begegnung mit Jesus zu bezeugen, denn ich habe gesagt, dass jede Begegnung mit Jesus unser Leben verändert, und jede Begegnung mit Jesus uns mit Freude erfüllt, mit jener Freude, die von innen kommt. Und so ist der Herr. Und wir müssen weitererzählen, wie viele wunderbare Dinge der Herr in unserem Herzen zu vollbringen vermag, wenn wir den Mut haben, unseren Wasserkrug stehenzulassen.

Angelus, 13. März 2014

Geh aus dir heraus und suche das Licht

Wer das Licht will, geht aus sich heraus und sucht: er bleibt nicht hinter verschlossenen Türen, als unbeteiligter Zuschauer dessen, was um ihn herum geschieht, sondern wirft sein eigenes Leben in die Waagschale; er geht aus sich heraus. Das christliche Leben ist ein *ständiger Weg*, der aus Hoffnung, aus der Suche besteht; ein Weg, der wie jener der Sterndeuter auch dann weiterführt, wenn man den Stern einmal aus den Augen verliert. Dieser Weg ist voller Hinterhalte, denen es auszuweichen gilt: das oberflächliche und weltliche Geschwätz, das den Schritt bremst; die lähmenden Launen des Egoismus; die Stolperfallen des Pessimismus, der die Hoffnung überlistet.

Angelus, 6. Januar 2017

Gib dich nicht mit minderen Zielen zufrieden

Lasst euch nicht den Wunsch stehlen, große und dauerhafte Dinge in eurem Leben zu erschaffen! Das ist es, was euch voranbringt. Gebt euch nicht mit minderen Zielen zufrieden! Strebt nach dem Glück, habt den Mut, jenen Mut, über euch hinauszuwachsen, gemeinsam mit Jesus eure Zukunft zur Gänze in die Waagschale zu werfen.

Ansprache, 5. Juli 2014

Weise die »Sonderangebote« zurück

Wenn ihr wirklich die innersten Wünsche eures Herzens emporsteigen lasst, werdet ihr merken, dass ihr das unauslöschliche Verlangen nach Glück in euch tragt, das es euch erlaubt, die vielen »Sonderangebote« zu entlarven und zurückzuweisen, von denen ihr umgeben seid. Wenn wir den Erfolg, das Vergnügen, den eigennützigen Besitz suchen und daraus unsere Götzen machen, können wir durchaus auch rauschhafte Augenblicke, ein falsches Gefühl der Befriedigung erleben; letzten Endes aber werden wir zu Sklaven, sind niemals zufrieden und werden dazu getrieben, immer mehr zu suchen.

Botschaft zum Weltjugendtag, 21. Januar 2014

Die Freude Gottes ist die Gegenwart Jesu unter uns

Am dritten Adventssonntag legt uns die Liturgie eine innere Haltung ans Herz, mit der wir die Erwartung des Herrn leben sollen, nämlich die Freude. Die Freude Jesu, wie jenes Schild dort sagt: »Mit Jesus ist die Freude bei uns zuhause«. Seht ihr, sie legt uns die Freude Jesu ans Herz!

Das Herz des Menschen sehnt sich nach der Freude. Wir alle sehnen uns nach der Freude, jede Familie, jedes Volk strebt nach dem Glück. Doch was für eine Freude ist das, die zu leben und zu bezeugen der Christ berufen ist? Es ist jene Freude, die aus der *Nähe zu Gott* kommt, aus seiner *Gegenwart* in unserem Leben. Als Jesus in die Geschichte eingetreten ist, mit seiner Geburt in Bethlehem, hat die Menschheit den Keim des Reiches Gottes empfangen, gleich dem Ackerboden, der den Samen empfängt, ein Versprechen der zukünftigen Ernte. Es ist nicht mehr nötig, woanders zu suchen!

Angelus, 14. Dezember 2014

Liebe die Schönheit, suche die Wahrheit

Für mich ist ein junger Mensch, der die Wahrheit liebt und sucht, der das Gute liebt und gut ist, der ein guter Mensch ist, und der die Schönheit sucht und liebt, auf einem guten Weg und wird Gott gewiss finden! Früher oder später wird er ihn finden! Aber der Weg ist weit und einige Menschen finden diesen Weg ihr ganzes Leben lang nicht. Sie finden ihn nicht bewusst. Aber sie sind so ehrlich und aufrichtig zu sich selbst, so gut und der Schönheit so sehr in Liebe zugetan, dass sie am Ende eine äußerst gereifte Persönlichkeit und fähig zu einer Begegnung mit Gott sind, die immer eine Gnade ist. Denn die Begegnung mit Gott ist eine Gnade.

Wir können den Weg gehen... Einige begegnen ihm in den Mitmenschen... Das ist ein möglicher Weg... Jeder muss ihm persönlich begegnen. Man begegnet Gott weder durch Hörensagen noch gegen Bezahlung. Es ist ein persönlicher Weg, so müssen wir ihm begegnen. Ich weiß nicht, ob ich deine Frage beantwortet habe...

Gespräch mit Jugendlichen, 31. März 2014

Eine Szene voller Licht

Jesus zieht in Jerusalem ein. Die Menge der Jünger begleitet ihn in Feststimmung, die Kleider sind vor ihm ausgebreitet, man spricht von den Wundertaten, die er vollbracht hat, ein Lobruf ertönt: »Gesegnet sei der König, der kommt im Namen des Herrn. Im Himmel Friede und Herrlichkeit in der Höhe« (*Lk* 19,38).

Menschenmenge, Fest, Lobpreis, Frieden – die Luft vibriert vor Freude. Jesus hat in den Herzen viele Hoffnungen geweckt, vor allem bei den bescheidenen, einfachen, armen, vergessenen Menschen, bei denen, die in den Augen der Welt nicht zählen. Er war imstande, das menschliche Elend nachzuempfinden, hat das Gesicht der Barmherzigkeit Gottes gezeigt, hat sich niedergebeugt, um Leib und Seele zu heilen.

So ist Jesus! So ist sein Herz, das auf uns alle schaut, das auf unsere Krankheiten, auf unsere Sünden schaut. Groß ist die Liebe Jesu! Und so zieht er in Jerusalem ein – mit dieser Liebe, und er schaut uns alle an. Es ist eine schöne Szene: voller Licht – das Licht der Liebe Jesu, das Licht seines Herzens – voller Freude, voller Feststimmung.

Homilie, 24. März 2013

Wenn der Mandelbaum blüht

Das Gute zieht uns immer an, die Wahrheit zieht uns an, das Leben, das Glück, die Schönheit zieht uns an … Jesus ist der Mittelpunkt dieser gegenseitigen Anziehung, dieser zweifachen Bewegung. Er ist Gott und Mensch: Jesus. Gott und Mensch. Wer aber ergreift die Initiative? Immer Gott! Die Liebe Gottes kommt immer vor unserer Liebe! Er ergreift immer die Initiative. Er erwartet uns, er lädt uns ein, die Initiative geht immer von ihm aus. Jesus ist Gott, der Mensch geworden, der Fleisch geworden ist, der für uns geboren wurde. Der neue Stern, der den Sterndeutern erschien, war das Zeichen für die Geburt Christi. Wenn sie den Stern nicht gesehen hätten, wären jene Männer nicht aufgebrochen. Das Licht geht uns voraus, die Wahrheit geht uns voraus, die Schönheit geht uns voraus. Gott geht uns voraus. Der Prophet Jesaja sagte, dass Gott wie eine Mandelblüte ist. Warum? Weil in jenem Land der Mandelbaum der erste ist, der blüht. Und Gott geht uns immer voraus, immer sucht Er uns als erster, macht Er den ersten Schritt.

Angelus, 6. Januar 2014

Heilige Teresa von Ávila, Lehrmeisterin der Freude

Teresa von Jesus lädt ihre Mitschwestern ein, »freudig voranzugehen« im Dienen (*Weg der Vollkommenheit* 18,5). Die wahre Heiligkeit ist Freude, denn »ein Heiliger, der traurig ist, ist ein trauriger Heiliger«. Die Heiligen sind, mehr noch als mutige Helden, die Frucht der Gnade, die Gott den Menschen schenkt. Jeder Heilige zeigt uns einen besonderen Zug des vielgestaltigen Antlitzes Gottes. In der heiligen Teresa betrachten wir den Gott, »höchste Majestät, ewige Weisheit« (*Gedichte* 2), der sich als naher Weggefährte offenbart und dem es eine Freude ist, sich mit den Menschen auszutauschen: Gott freut sich mit uns. Und als sie seine Liebe spürte, keimte in der Heiligen eine ansteckende Freude auf, die sie nicht verbergen konnte und die sie um sich verbreitete.

Diese Freude ist ein Weg, den man das ganze Leben gehen muss. Sie ist nicht momentan, oberflächlich, stürmisch. Man muss sie »am Anfang« (*Leben* 13,1) suchen. Sie ist Ausdruck der inneren Freude der Seele, sie ist demütig und »bescheiden« (vgl. *Klostergründungen* 12,1). Man erreicht sie nicht über eine leichtere Abkürzung, mit der man Entsagung, Leid oder Kreuz vermeidet, sondern man findet sie, indem man Sorgen und Schmerzen erduldet (vgl. *Leben* 6,2; 30,8) und dabei auf den Gekreuzigten blickt und den Auferstandenen sucht (vgl. *Weg der Vollkommenheit* 26,4). Deshalb ist die Freude der heiligen Teresa weder egoistisch noch selbstbezogen. Wie die Freude des Himmels besteht sie darin, sich »an der Freude aller zu freuen« (*Weg der Vollkommenheit* 30,5) und mit uneigennütziger Liebe den anderen zu dienen. Wie zu einem ihrer Klöster, das sich in Schwierigkeiten befand, sagt die Heilige heute auch zu uns, und vor allem zu den jungen Menschen: »Hört nicht auf, freudig voranzugehen!« (*Brief* 284,4). Das Evangelium ist kein Sack voller Blei, den man mühsam mitschleppt, sondern eine

Quelle der Freude, die das Herz mit Gott erfüllt und es drängt, den Brüdern und Schwestern zu dienen!

Botschaft, 15. Oktober 2104

Was wird mein Weg sein?

Auch ich habe mir dies Frage seinerzeit gestellt: Welchen Weg soll ich wählen? Doch du sollst überhaupt keinen Weg wählen! Der Herr soll ihn wählen! Jesus hat ihn gewählt! Du sollst Ihn hören und fragen: Herr, was soll ich tun? Das ist das Gebet, das ein junger Mensch sprechen soll: »Herr, was willst du von mir?« Und mit dem Gebet und dem Rat einiger echter Freunde – Laien, Priester, Schwestern, Bischöfe, Päpste … auch der Papst kann einen guten Rat geben – mit dem Rat dieser Menschen den Weg finden, den der Herr für mich will.

Ansprache, 15. August 2014

Loblied auf die Ruhe

Die Ruhe ist so notwendig für die Gesundheit unseres Geistes und unseres Körpers, und doch ist sie wegen der vielen Anforderungen, die an uns gestellt werden, oft so schwer zu erlangen. Aber Ruhe ist auch wesentlich für unsere geistige Gesundheit, damit wir Gottes Stimme hören und verstehen können, was Er von uns verlangt.

Ansprache, 16. Januar 2015

Stärke dein Vertrauen – in Gott und in die Menschen

Oftmals vertrauen wir einem Arzt. Das ist gut, denn der Arzt ist da, um uns zu heilen. Wir vertrauen einer Person: die Brüder, die Schwestern können uns helfen. Es ist gut, dieses menschliche Vertrauen untereinander zu haben. Aber wir vergessen das Vertrauen auf den Herrn: Das ist der Schlüssel zum Erfolg des Lebens. Das Vertrauen auf den Herrn, vertrauen wir uns dem Herrn an! »Herr, schau auf mein Leben: Ich bin in der Finsternis, ich habe diese Schwierigkeit, ich habe diese Sünde …« Alles, was wir haben: »Schau es an. Ich vertraue mich dir an!« Und darauf müssen wir setzen: uns Ihm anvertrauen. Und Er enttäuscht uns nie. Nie, nie! Hört gut zu, ihr Jungen und Mädchen, die ihr jetzt das Leben beginnt: Jesus enttäuscht uns nie. Nie. Das ist das Zeugnis des Johannes: Jesus, der Gute, der Sanfte, der wie ein Lamm enden wird, getötet. Ohne zu schreien. Er ist gekommen, um uns zu retten, um die Sünde hinwegzunehmen. Meine, deine und die der Welt: alle, alle.

Homilie, 19. Januar 2014

Bete und sage Danke …

Der Apostel Paulus sagt zu den Thessalonichern: »Freut euch zu jeder Zeit!«. Und wie kann ich mich freuen? Er sagt: »Betet ohne Unterlass!« Die christliche Freude finden wir im Gebet, sie kommt aus dem Gebet und auch aus dem Dank an Gott: »Danke, Herr, für all die schönen Dinge!«

Homilie, 14. Dezember 2014

Bereite Jesus in deinem Herzen ein Heim

Josef war von Gott erwählt, Jesu Pflegevater und Marias Gemahl zu sein. Als Christen seid auch ihr berufen, wie Josef ein Heim für Jesus zu bereiten. Ein Heim für Jesus zu bereiten! Bereitet ihm ein Heim in euren Herzen, euren Familien, euren Pfarreien und euren Gemeinschaften.

Ansprache, 16. Januar 2015

Denk an die guten Dinge

Dank sagen. Und wie mache ich das, Dank sagen? Denk an dein Leben, und denk an die vielen guten Dinge, die das Leben dir geschenkt hat: viele. »Schon, Vater, das ist richtig, aber mir sind so viele schlimme Dinge passiert!« »Ja, sicher, das geht allen so. Aber denk an die guten Dinge.« »Ich bin in einer christlichen Familie, bei christlichen Eltern aufgewachsen,

Gott sei Dank habe ich Arbeit, meine Familie muss nicht hungern, wir sind alle gesund …« So oder so ähnlich, es gibt so viel, für das wir dem Herrn danken können. Und das gewöhnt uns an die Freude. Beten, Dank sagen …

Homilie, 14. Dezember 2014

DAS GEHEIMNIS DES LEBENS

»Die Seligpreisungen sind der Weg, das Ziel zur Heimat hin. Sie sind der Weg des Lebens, den der Herr uns lehrt, damit wir seinen Spuren folgen.«

1. November 2016

Gott hört nicht auf zu suchen

Wie in der Vergangenheit, so sucht Gott auch heute Verbündete, er sucht weiter Männer und Frauen, die in der Lage sind zu glauben, die in der Lage sind, die Erinnerung zu wahren, sich als Teil seines Volkes zu fühlen, um mit der Kreativität des Heiligen Geistes zusammenzuarbeiten. Gott hört nicht auf, durch unsere Stadtviertel und unsere Straßen zu gehen, er dringt an jeden Ort vor, auf der Suche nach Herzen, die in der Lage sind, seine Einladung zu hören und sie hier und heute Fleisch werden zu lassen. Mit den Worten des heiligen Ambrosius aus seinem Kommentar zu diesem Abschnitt können wir sagen: Gott sucht weiterhin Herzen wie das Marias, die sogar in absoluten Ausnahmesituationen bereit sind zu glauben.

Homilie, 25. März 2017

Wir sind nicht für Kleinigkeiten auserwählt

Haben wir Vertrauen in das Handeln Gottes! Mit Ihm können wir große Dinge tun. Er wird uns die Freude spüren lassen, seine Jünger, seine Zeugen zu sein. Setzt auf die großen Ideale, auf die großen Dinge! Wir Christen sind vom Herrn nicht für Kleinigkeiten auserwählt, gehen immer darüber hinaus, zu den großen Dingen! Setzt das Leben für große Ideale ein, junge Freunde!

Homilie, 28. April 2013

Spürst du nicht, wie unruhig dein Herz ist?

Die Suche nach dem Glück ist sämtlichen Menschen aller Zeiten und jeden Alters gemeinsam. Gott hat jedem Mann und jeder Frau eine unbezwingbare Sehnsucht nach Glück, nach Fülle ins Herz gelegt. Spürt ihr nicht, dass eure Herzen unruhig sind und ständig auf der Suche nach einem Gut, das ihren Durst nach Unendlichkeit stillen kann?

Botschaft zum Weltjugendtag, 31. Januar 2015

Du wirst den Frieden erfahren

Indem er die Seligpreisungen verkündet, lädt Jesus uns ein, ihm zu folgen, mit ihm den Weg der Liebe zu gehen, den einzigen, der zum ewigen Leben führt. Es ist kein einfacher Weg, doch der Herr versichert uns seiner Gnade und lässt uns nie allein. Armut, Trübsal, Demütigungen, der Kampf für die Gerechtigkeit, die Mühen der täglichen Umkehr, die Kämpfe, um die Berufung zur Heiligkeit zu leben, Verfolgungen und viele andere Herausforderungen sind in unserem Leben gegenwärtig. Doch wenn wir Jesus die Tür öffnen, wenn wir zulassen, dass Er Teil unserer Geschichte wird, wenn wir mit ihm unsere Freuden und Leiden teilen, dann werden wir einen Frieden und eine Freude erfahren, die nur Gott – die unendliche Liebe – uns schenken kann.

Botschaft zum Weltjugendtag, 21. Januar 2014

Der Weg der wahren Verwirklichung

Es tut uns immer sehr gut, die Seligpreisungen zu lesen und zu meditieren! Jesus hat sie in seiner ersten großen Predigt am Ufer des Sees von Galiläa verkündet. Eine große Menschenmenge hatte sich versammelt und er stieg auf den Hügel, um seine Jünger zu lehren, weshalb jene Predigt »Bergpredigt« genannt wird. In der Bibel wird der Berg als der Ort angesehen, an dem Gott sich offenbart, und Jesus, der auf dem Hügel predigt, erscheint als göttlicher Lehrer, als neuer Mose. Und was teilt er mit? Jesus beschreibt den Weg des Lebens, jenen Weg, den Er selbst beschreitet, ja, der Er selber *ist*, und schlägt ihn vor als den *Weg des wahren Glücks*.

Botschaft zum Weltjugendtag, 21. Januar 2014

Lass dich niemals von der eigenen Vermessenheit blenden

Gott hat dies alles vor jenen verborgen, die zu sehr von sich selbst eingenommen sind und meinen, schon alles zu wissen. Sie sind wie geblendet von der eigenen Vermessenheit und lassen Gott keinen Raum. Man könnte nun leicht an einige Zeitgenossen Jesu denken, die er immer wieder ermahnt hat, doch handelt es sich hier um eine Gefahr, die zu allen Zeiten besteht, und die auch uns betrifft. Die »Unmündigen« sind hingegen die Demütigen, die Einfachen, die Armen, die Ausgegrenzten, die, die keine Stimme haben, die erschöpft und unterdrückt sind – sie bezeichnet Jesus als »Selige«. Man mag leicht an Maria, an Josef, an die Fischer von Galiläa und an die Jünger denken, die Jesus auf seinem Weg während seiner Predigttätigkeit berufen hat.

Botschaft, 8. Juni 2014

Das ganze Reich Gottes liegt in den Seligpreisungen

In seinem ganzen Leben, von der Geburt in der Grotte von Bethlehem bis zum Tod am Kreuz und zur Auferstehung hat Jesus die Seligpreisungen verkörpert. Alle Verheißungen des Gottesreiches haben sich in Ihm erfüllt.

Botschaft zum Weltjugendtag, 21. Januar 2014

Du bist nur selig, wenn du dich bekehrt hast

Jesus offenbart den Willen Gottes, die Menschen zum Glück zu führen. Diese Botschaft war bereits in der Verkündigung der Propheten enthalten: Gott steht den Armen und Unterdrückten nahe und befreit sie von denen, die sie misshandeln. Doch in seiner Verkündigung verfolgt Jesus einen besonderen Weg: Er beginnt mit dem Begriff »selig«, das heißt *glücklich*; daraufhin beschreibt er den *Zustand* um selig zu sein; und er schließt mit einer *Verheißung*.

Der Grund der Seligkeit, das heißt des Glücks, liegt nicht im geforderten Zustand – zum Beispiel »arm vor Gott«, »die Trauernden«, »die hungern und dürsten nach der Gerechtigkeit«, »die verfolgt werden« … –, sondern in der darauffolgenden Verheißung, die mit Glauben als Geschenk Gottes anzunehmen ist. Es wird vom Zustand der Entbehrung ausgegangen, um sich dem Geschenk Gottes zu öffnen und Eingang zu finden in die neue Welt, in das »Reich«, das Jesus ankündigt. Dies ist kein Automatismus, sondern ein Weg des Lebens in der Nachfolge des Herrn, weshalb die Wirklichkeit der Entbehrung und des Leids in einer neuen Perspektive gesehen und entsprechend der Umkehr erfahren wird, die man vollzieht. Man ist nicht *selig*, wenn man sich nicht *bekehrt* hat, ist nicht in der Lage, die Geschenke Gottes wertzuschätzen und zu leben.

Angelus, 29. Januar 2017

Die Suche nach dem Glück

Das Wort *selig* – das heißt *glücklich* – erscheint neunmal in der Bergpredigt Jesu (vgl. *Mt* 5,1-12). Es ist gleichsam ein Refrain, der uns an den Ruf Jesu erinnert, gemeinsam mit ihm einen Weg zu gehen, der ungeachtet aller Herausforderungen der Weg zum wahren Glück ist.

Botschaft zum Weltjugendtag, 31. Januar 2015

Das *Magnificat* der Maria führt uns zu den Seligpreisungen

Das *Magnificat* führt uns hin zu den Seligpreisungen, Quintessenz und Grundgesetz der evangelischen Botschaft. In seinem Licht drängt es uns heute dazu, eine

Gnade zu erbitten, jene so urchristliche Gnade, dass die Zukunft … geschmiedet werde von den Armen und den Leidenden, von den Demütigen, von denen, die nach Gerechtigkeit hungert und dürstet, von den Barmherzigen, von denen, die reinen Herzens sind, von denen, die Frieden stiften, von denen, die im Namen des Herrn verfolgt werden, denn »ihnen gehört das Himmelreich« (vgl. *Mt* 5,1-11). Möge die Gnade von jenen geschmiedet werden, die heute vom götzendienerischen System unserer Wegwerfkultur verbannt werden in die Schublade der Sklaven, der Gegenständen, deren man sich bedienen oder die man einfach ablehnen kann.

Homilie, 12. Dezember 2014

Wer sich dem Herrn anvertraut

Die erste Seligpreisung … erklärt diejenigen für selig, die *arm sind vor Gott*, denn ihnen gehört das Himmelreich. In einer Zeit, in der viele Menschen unter der Wirtschaftskrise leiden, kann es unangebracht erscheinen, Armut mit Glück zu verbinden. In welchem Sinn können wir die Armut als einen Segen auffassen?

Zuallererst versuchen wir zu begreifen, was »*arm vor Gott*« bedeutet. Als der Sohn Gottes Mensch wurde, hat er einen Weg der Armut, der Entäußerung gewählt. Wie der heilige Paulus im Brief an die Philipper sagt: »Seid untereinander so gesinnt, wie es dem Leben in Christus Jesus entspricht: Er war Gott gleich, hielt aber nicht daran fest, wie Gott zu sein, sondern er entäußerte sich und wurde wie ein Sklave und den Menschen gleich« (2,5-7). Jesus ist Gott, der sich seiner Herrlichkeit entäußert. Hier sehen wir die Wahl der Armut Gottes: Er, der reich war, wurde arm, um uns durch seine Armut reich zu machen (vgl. *2 Kor* 8,9). Es ist das Geheimnis, das wir in den Krippenbildern betrachten, wenn wir den Sohn Gottes in einer Futterkrippe sehen; und dann am Kreuz, wo die Entäußerung ihren Höhepunkt erreicht.

Das griechische Adjektiv *ptochós* (arm) hat keine nur materielle Bedeutung, sondern meint »bettelnd«. Es ist mit dem hebräischen Begriff der *anawim*, der »Armen Jahwes«, zu verbinden, der an Demut erinnert, an das Bewusstsein der eigenen Grenzen, der eigenen Daseinsbedingung der Armut. Die *anawim* vertrauen auf den Herrn; sie wissen, dass sie von ihm abhängen.

Botschaft zum Weltjugendtag, 21. Januar 2014

Bist du ein Mensch des »Je mehr ich habe, desto mehr will ich«?

»*Selig, die arm sind vor Gott; denn ihnen gehört das Himmelreich*« (*Mt* 5,3). Arm vor Gott ist der, der die Empfindungen und die Haltung jener Armen angenommen hat, die sich in ihrer Situation nicht auflehnen, sondern es verstehen, demütig, fügsam, bereit für die Gnade Gottes zu sein. Das Glück der Armen – derer, die arm vor Gott sind – besitzt eine zweifache Dimension: gegenüber den *Gütern* und gegenüber *Gott*. In Bezug auf die Güter, auf die materiellen Güter, ist diese Armut vor Gott nüchterne Mäßigung: nicht notwendigerweise Verzicht, sondern die Fähigkeit, das Wesentliche auszukosten, die Fähigkeit zum Teilen, die Fähigkeit, jeden Tag erneut über die Vortrefflichkeit der Dinge zu staunen, ohne in der Dumpfheit des begierigen Konsums schwerfällig zu werden. Je mehr ich habe, desto mehr will ich; je mehr ich habe, desto mehr will ich: das ist das begierige Konsumieren. Und das tötet die Seele. Und der Mann oder die Frau, die dies tun, die diese Haltung des »je mehr ich habe, desto mehr will ich« einnehmen, sind nicht glücklich und werden nicht zum Glück gelangen. In Bezug auf Gott ist Armut vor Gott Lobpreis und dankbare Anerkennung, dass die Welt ein Segen ist und dass an ihrem Ursprung die Schöpferliebe des Vaters steht. Doch sie ist auch Offenheit für Ihn, Fügsamkeit gegenüber seiner Herrschaft: Er ist es, der Herr, Er ist der Große, nicht ich bin groß, weil ich viele Dinge habe! Er ist es: Er hat die Welt für alle Menschen gewollt und Er hat sie gewollt, damit die Menschen glücklich sind.

Angelus, 29. Januar 2017

Maria, arm vor Gott

Wie sehr bedürfen wir der Umkehr, wie sehr müssen wir dafür sorgen, dass über die Logik des *mehr Habens* die des *mehr Seins* siegt! Die Heiligen sind diejenigen, die uns am besten helfen können, den tiefen Sinn der Seligpreisungen zu begreifen …

Das *Magnificat*, der Lobgesang Marias, die arm war vor Gott, ist auch der Lobgesang derer, die die Seligpreisungen leben. Die Freude des Evangeliums entspringt aus einem armen Herzen, das über die Werke Gottes jubeln und staunen kann, gleich dem der Jungfrau, die alle Geschlechter »selig« preisen (vgl. *Lk* 1,48). Sie, die Mutter der Armen und der Stern der neuen Evangelisierung, helfe uns, das Evangelium zu leben, die Seligpreisungen in unserem Leben zu verkörpern und den Mut zum Glück zu haben.

Botschaft zum Weltjugendtag, 21. Januar 2014

Die Freuden der armen Gläubigen

Die schönsten und spontansten Freuden, die ich im Laufe meines Lebens gesehen habe, waren die ganz armer Leute, die wenig haben, an das sie sich klammern können. Ich erinnere mich auch an die unverfälschte Freude derer, die es verstanden haben, sogar inmitten bedeutender beruflicher Verpflichtungen ein gläubiges, großzügiges und einfaches Herz zu bewahren.

Evangelii gaudium, 7

Sei ein Bettler vor Gott

Wie die heilige Theresa vom Kinde Jesu sehr gut gesehen hat, zeigt Jesus sich in seiner Menschwerdung als Bettler, als ein Bedürftiger auf der Suche nach Liebe. Der *Katechismus der Katholischen Kirche* spricht vom Menschen als einem »Bettler vor Gott« und sagt, dass im Gebet der Durst Gottes unserem Durst begegnet.

Der heilige Franziskus von Assisi hat das Geheimnis der Seligkeit der Armen vor Gott sehr gut verstanden. Als nämlich Jesus in der Person des Aussätzigen und im Gekreuzigten zu ihm sprach, erkannte er die Größe Gottes und die eigene Situation der Niedrigkeit. In seinem Gebet verbrachte Franziskus Stunden mit der Frage: »Wer bist du? Wer bin ich?« Er legte sein bequemes und sorgloses Leben ab, um sich mit der »Herrin Armut« zu vermählen, um Jesus nachzuahmen und das Evangelium wörtlich zu nehmen. Franziskus hat die *Nachfolge des armen Christus* und *die Liebe zu den Armen* als untrennbar miteinander verbundene Einheit gelebt, wie die zwei Seiten einer Medaille.

Botschaft zum Weltjugendtag, 21. Januar 2014

Wähle die reiche Armut und den armen Reichtum

Was also ist diese Armut, durch die Jesus uns befreit und uns reich macht? Es ist gerade die Art, wie er uns liebt, die Tatsache, dass er für uns zum Nächsten wird wie der barmherzige Samariter, der zu dem Mann hingeht, der halb tot am Straßenrand zurückgelassen wurde (vgl. *Lk* 10,25ff). Was uns wahre Freiheit, wahres Heil und wahres Glück schenkt, ist seine barmherzige, zärtliche und teilnahmsvolle Liebe. Die Armut Christi, die uns reich macht, ist seine Menschwerdung, dass er unsere Schwächen, unsere Sünden auf sich nimmt und uns so an der unendlichen Barmherzigkeit Gottes teilhaben lässt. Die Armut Christi ist der größte Reichtum: Jesus ist reich durch sein grenzenloses Vertrauen auf Gott den Vater, dadurch, dass er sich ihm in jedem Moment anvertraut und dabei stets und ausschließlich seinen Willen und seine Ehre im Sinn hat. Er ist reich, wie es ein Kind ist, das sich geliebt fühlt und das seine Eltern liebt und keinen Augenblick an ihrer Liebe und Zuwendung zweifelt. Der Reichtum Jesu ist seine *Sohnschaft* – seine einzigartige Beziehung zum Vater stellt das unumschränkte Vorrecht dieses armen Messias dar. Wenn Jesus uns dazu aufruft, sein »leichtes Joch« auf uns zu nehmen, dann fordert er uns damit auf, uns mit dieser seiner »reichen

Armut« und seinem »armen Reichtum« zu bereichern, seinen Geist der Sohnschaft und der Brüderlichkeit mit ihm zu teilen, Söhne und Töchter im Sohn, Brüder und Schwestern im erstgeborenen Bruder zu werden (vgl. *Röm* 8,29).

Nach Léon Bloy gibt es nur eine einzige wahre Traurigkeit: kein Heiliger zu sein. Wir könnten auch sagen, dass es nur ein einziges wahres Elend gibt: nicht als Kinder Gottes und als Brüder und Schwestern Christi zu leben.

Botschaft zur Fastenzeit, 2014

Hast du offene Hände und ein offenes Herz?

Arm vor Gott ist der Christ, der sich nicht auf sich selbst verlässt, auf seine materiellen Reichtümer, der sich nicht auf seine eigenen Meinungen versteift, sondern achtungsvoll zuhört und gerne auch den Entscheidungen anderer vertraut. Gäbe es in unseren Gemeinschaften mehr Menschen, die arm vor Gott sind, dann gäbe es weniger Entzweiung, Auseinandersetzungen und Streitereien! Die Demut ist wie die Liebe eine Tugend, die für das Zusammenleben in den christlichen Gemeinden wesentlich ist. Die Armen in diesem Sinne des Evangeliums treten als jene in Erscheinung, die das Ziel des Himmelreiches wach halten, indem sie uns erkennen lassen, dass es im Keim in der brüderlichen Gemeinschaft vorweggenommen wird, die das Teilen dem Besitz vorzieht. Das möchte ich unterstreichen: das Teilen dem Besitz vorziehen. Immer ein offenes Herz und *offene* [der Papst macht die Geste], nicht *verschlossene* [der Papst macht die Geste] Hände haben. Wenn das Herz *verschlossen* ist [der Papst macht die Geste], dann ist es ein verengtes Herz: es weiß nicht einmal zu lieben. Wenn das Herz *offen* ist [der Papst macht eine Geste], geht es auf dem Weg der Liebe.

Angelus, 29. Januar 2017

Die Kirche ist das Heim der Trauernden

Die Kirche, die von ihrem Wesen her missionarisch ist, hat als grundlegende Eigenschaft den Dienst der Liebe an allen. Die universale Brüderlichkeit und Solidarität sind wesenseins mit ihrem Leben und ihrer Sendung in der Welt und für die Welt. Die Evangelisierung, die alle erreichen muss, ist jedoch aufgerufen, bei den Letzten, bei den Armen zu beginnen, bei jenen, deren Rücken gebeugt ist unter der Last und der Mühe des Lebens. Wenn sie das tut, führt die Kirche die Sendung Christi fort, der gekommen ist, »damit sie das Leben haben und es in Fülle haben« (*Joh* 10,10). Die Kirche ist das Volk der Seligpreisungen, das Haus der Armen, der Leidenden, der Ausgegrenzten und der

Verfolgten, jener, die hungern und dürsten nach Gerechtigkeit.

Ansprache, 9. Mai 2014

Pflege die Gabe der Sanftmut in dir

Die Gabe der Frömmigkeit bedeutet, wirklich fähig zu sein, sich mit den Frohen zu freuen, mit den Weinenden zu weinen, denen nahe zu sein, die allein oder betrübt sind, die Irrenden zurechtzuweisen, die Trauernden zu trösten, die Notleidenden anzunehmen und ihnen zu helfen. Es besteht eine sehr enge Beziehung zwischen der Gabe der Frömmigkeit und der Sanftmut. Die Gabe der Frömmigkeit, die uns der Heilige Geist schenkt, macht uns sanftmütig, macht uns ruhig, geduldig, lässt uns im Frieden sein mit Gott, im Dienst der anderen mit Sanftmut.

Generalaudienz, 4. Juni 2014

Blick mit den Augen des Glaubens in die Zukunft

Lasst uns mit den Augen des Glaubens in die Zukunft blicken. Unsere Traurigkeit ist ein Same, der einst Frucht tragen wird in der Freude, die der Herr denen verheißen hat, die auf sein Wort vertrauen: »Selig ihr Trauernden, denn ihr werdet getröstet werden« (vgl. *Mt* 5,4) … Gottes *Mit-leid*, sein Leiden mit uns, verleiht unseren Anstrengungen ewigen Sinn und Wert. Der Wunsch, ihm für jede Gnade und jeden Segen zu danken, auch wenn ihr so viel verloren habt, ist nicht nur ein Triumph der Belastbarkeit und Stärke … Er ist auch ein Zeichen der Güte Gottes, seiner Nähe, seiner Zärtlichkeit und seiner rettenden Macht.

Homilie, 17. Januar 2015

Verändere die Welt, entdecke aufs Neue die Demut

Die Seligpreisungen sind das Profil Jesu, und darum sind sie das Profil des Christen. Unter ihnen allen möchte ich eine hervorheben: »Selig die Sanftmütigen« (*Mt* 5,5). Jesus sagt von sich selbst: »Nehmt mein Joch auf euch und lernt von mir; denn ich bin sanftmütig und von Herzen demütig« (*Mt* 11,29). Das ist sein spirituelles Abbild, und es offenbart uns den Reichtum seiner Liebe. Die Sanftmut ist eine Seins- und Lebensweise, die uns Jesus näherbringt und uns miteinander vereint sein lässt. Sie erreicht es, dass wir alles, was uns trennt und uns entzweit, beiseitelassen und immer neue Möglichkeiten suchen, um auf dem Weg der Einheit voranzukommen … Die Heiligen erreichen Veränderungen dank der Sanftmut des Herzens. Mit ihr begreifen wir die Größe Gottes und beten ihn aufrichtig an; und außerdem ist sie die Haltung dessen, der nichts zu verlieren hat, weil sein einziger Reichtum Gott ist.

Homilie, 1. November 2016

Die Schwäche des Lamms

Jesus wird als »Lamm« bezeichnet: Er ist das Lamm, das die Sünde der Welt hinwegnimmt. Manch einer mag vielleicht denken: Wie kann denn ein Lamm, ein so schwaches Lämmchen, so viele Sünden, so viel Bosheit hinwegnehmen? Mit der Liebe. Mit seiner Sanftmut. Jesus hat nie aufgehört, ein Lamm zu sein: sanft, gut, liebevoll, den Niedrigen nahe, den Armen nahe. Er war dort, unter den Menschen, er heilte alle, lehrte, betete. Ein so schwacher Jesus, schwach wie ein Lamm. Er hatte jedoch die Kraft, alle unsere Sünden zu tragen, alle. »Aber Vater, Sie kennen mein Leben nicht: Ich trage eine Sünde, die ..., ich kann sie nicht einmal mit einem Lastwagen tragen ...« Oftmals, wenn wir unser Gewissen anschauen, finden wir ein paar dicke Brocken! Aber Er trägt sie. Er ist hierfür gekommen: um zu vergeben, um Frieden in der Welt, zuerst aber im Herzen zu stiften. Vielleicht trägt jeder von uns eine Qual im Herzen, vielleicht hat er eine Finsternis im Herzen, vielleicht ist er etwas traurig wegen einer Schuld ... Er ist gekommen, um all das hinwegzunehmen, er schenkt uns den Frieden, er vergibt alles. »Seht, das Lamm Gottes, das die Sünde hinwegnimmt«: Es nimmt die Sünde hinweg mitsamt der Wurzel und allem! Das ist das Heil Jesu, mit seiner Liebe und mit seiner Sanftmut. Und wenn wir hören, was Johannes der Täufer sagt, der Zeugnis gibt von Jesus als Retter, müssen wir im Vertrauen auf Jesus wachsen.

Homilie, 19. Januar 2014

Der Tratsch, Feind der Sanftmut

Die Sanftmut innerhalb der Gemeinschaft ist eine etwas in Vergessenheit geratene Tugend. Sanft zu sein, dem anderen den Platz überlassen. Es gibt viele Feinde der Sanftmut, angefangen beim Tratsch, nicht wahr? Wenn man lieber klatscht, lieber tratscht, lieber ein wenig über den anderen herzieht. Das sind alltägliche Dinge, die jedem passieren, auch mir.

Es sind Versuchungen des Bösen, der nicht will, dass der Geist des Herrn zu uns kommt und uns diesen Frieden, diese Sanftmut in die christlichen Gemeinden bringt. Gehen wir nur in die Kirchengemeinde, und schon streiten die Damen der Katechese mit denen der Caritas … Immer gibt es diese Streitereien. Auch in der Familie oder im Viertel. Aber auch unter Freunden. Und das ist nicht das neue Leben. Wenn der Geist des Herrn zu uns kommt und uns hilft, in ein neues Leben geboren zu werden, macht er uns sanftmütig, wohltätig. Richten wir über niemanden: Der einzige Richter ist der Herr … Wenn es uns mit der Gnade des Geistes gelingt, niemals schlecht über die anderen zu reden, werden wir einen entscheidenden Schritt nach vorne getan haben. Und das wird uns allen guttun! Bitten wir den Herrn, dass er uns und der Welt die Schönheit und die Fülle dieses neuen Lebens, dieser Geburt des Geistes offenbare, der in die Gemeinschaft der Gläubigen kommt und uns dazu verhilft, sanftmütig, wohltätig zueinander zu sein. Respektvoll. Erbitten wir diese Gnade für uns alle.

Homilie in Santa Marta, 9. Juni 2014

Lass dich nicht blenden …

Das Licht Jesu ist ein demütiges Licht. Es ist kein Licht, das sich aufdrängt, es ist demütig. Es ist ein sanftes Licht, mit der Kraft der Sanftmut; es ist ein Licht, das zum Herzen spricht und es ist auch ein Licht, das das Kreuz anbietet. Wenn wir in unserem inneren Licht sanftmütige Menschen sind, hören wir die Stimme Jesu in unserem Herzen und schauen im Lichte Jesu furchtlos auf das Kreuz … Wir müssen uns immer vor Augen halten: Wo Jesus ist, sind immer Demut, Sanftmütigkeit, Liebe und Kreuz. Niemals nämlich werden wir Jesus ohne Demut, ohne Sanftmütigkeit, ohne Liebe und ohne das Kreuz antreffen. Er ist als erster diesen Weg des Lichts gegangen. Wir müssen ihm furchtlos folgen, weil Jesus die Kraft und die Macht besitzt, uns dieses Licht zu schenken.

Homilie in Santa Marta, 3. September 2013

… folge dem ruhigen Licht Jesu …

Das Licht Jesu ist kein Licht der Unwissenheit, nein, nein! Es ist ein Licht der Weisheit, der Erfahrung; aber es ist etwas anderes. Das Licht, das uns die Welt anbietet, ist ein künstliches Licht. Es kann hell sein, heller als das von Jesus, ja? Grell wie ein Feuerwerk, wie der Blitz einer Kamera. Das Licht Jesu hingegen ist ein mildes Licht, es ist ein ruhiges Licht, es ist ein Licht des Friedens. Es ist wie das Licht der Weihnachtsnacht: bescheiden.

So ist es: Es bietet sich an und gibt Frieden. Das Licht Jesu ist nicht spektakulär; es ist ein Licht, das ins Herz dringt.

Homilie in Santa Marta, 3. September 2013

… betrachte sein Leiden

Nur wenn wir das menschliche Leiden Jesu betrachten, können wir sanftmütig, bescheiden, zärtlich wie er werden. Es gibt keinen anderen Weg. Wir müssen uns bemühen, Jesus suchen; wir müssen uns an seinen Leidensweg erinnern, daran wieviel Er gelitten hat; wir müssen uns an sein sanftmütiges Schweigen erinnern. Dies wird unser Bemühen sein; an alles andere denkt Er, und Er wird alles tun, was fehlt. Aber du musst folgendes tun: dein Leben mit Christus in Gott verbergen.

Um Zeugnis abzulegen? Betrachte Jesus.

Um zu vergeben? Betrachte den leidenden Jesus.

Um nicht deinen Nächsten zu hassen? Betrachte den leidenden Jesus.

Um nicht falsches Zeugnis abzulegen gegen den Nächsten? Betrachte den leidenden Christus.

Es gibt keinen anderen Weg.

Homilie in Santa Marta, 12. September 2013

Du bist ein Lamm, verhalte dich nicht wie ein Wolf

Jesus hat uns gesagt: »Ich sende euch wie Schafe mitten unter die Wölfe. Seid klug, aber arglos«. Wenn wir uns jedoch vom Geist der Eitelkeit erfassen lassen und meinen, den Wölfen trotzen zu können, indem wir uns selbst zu Wölfen machen, »werden diese euch bei lebendigem Leib auffressen«. Denn wenn du aufhörst, ein Lamm zu sein, hast du keinen Hirten mehr, der dich verteidigt und du gerätst in die Fänge dieser Wölfe. Ihr könntet jetzt fragen: »Vater, aber mit welcher Waffe kann man sich gegen diese Verführungen, gegen dieses Feuerwerk verteidigen, die der Fürst dieser Welt macht, gegen diese Verlockungen?« Die Waffe ist dieselbe, die Jesus verwendet: das Wort Gottes, und dazu die Demut und die Sanftmut. Denken wir an Jesus, als er ins Gesicht geschlagen wurde: was für eine Demut, was für eine Sanftmut. Anstatt einer Beleidigung stellte er nur eine bescheidene und sanftmütige Frage. Denken wir an Jesus auf seinem Leidensweg. Der Prophet sagt von ihm: »Wie ein Schaf, das zum Schlachten geführt wird, tut er seinen Mund nicht auf«. Die Demut. Demut und Sanftmut: dies sind die Waffen, die der Fürst der Welt, der Geist der Welt nicht erträgt, denn seine Angebote erstrecken sich auf weltliche Macht, auf Eitelkeit, auf Reichtum. Die Demut und Sanftmut erträgt er nicht.

Homilie in Santa Marta, 4. Mai 2013

Geh ein weiteres Mal, und wieder und wieder und wieder

Wir schämen uns, die Wahrheit zu sagen: Ich habe dieses getan, ich habe jenes gedacht. Aber die Scham ist eine christliche und auch menschliche Tugend. Die Fähigkeit, sich zu schämen: Ich weiß nicht, ob man auf Italienisch so sagt, aber in meinem Land nennt man jene, die sich nicht schämen können, *sinvergüenza*. Das heißt »einer ohne Scham«, weil er sich nicht schämen kann. Und sich schämen ist eine Tugend des Demütigen. Demut und Sanftmut sind wie der Rahmen eines christlichen Lebens. Ein Christ schreitet stets so voran, voller Demut und Sanftmütigkeit. Und Jesus erwartet uns, um uns zu vergeben. Wir können ihm eine Frage stellen: Heißt denn dann zur Beichte gehen nicht, sich einer Foltersitzung unterziehen? Nein! Es heißt Gott zu preisen, weil ich Sünder von Ihm gerettet worden bin. Und wartet Er auf mich, um mich zu züchtigen? Nein, er erwartet mich voller Zärtlichkeit, um mir zu vergeben. Und wenn ich morgen dasselbe wieder mache? Dann gehst du ein weiteres Mal, und gehst wieder und wieder und wieder. Er wartet stets auf uns. Diese Zärtlichkeit des Herrn, diese Demut, diese Sanftmütigkeit.

Homilie in Santa Marta, 4. Mai 2013

Sie werden denken, du bist dumm

Jesus sagt: kein Krieg, kein Hass! Friede, Sanftmut! Jemand könnte dagegen einwenden: »Wenn ich so sanftmütig durchs Leben gehe, werden die anderen denken, dass ich dumm bin.« Das mag vielleicht sein, doch lassen wir ruhig zu, dass die anderen dies denken: Du aber sei sanftmütig, denn dank dieser Sanftmut wirst du das Land erben!

Homilie in Santa Marta, 9. Juni 2014

Verwechseln wir nicht das Nichts mit dem Alles

Der Christ ist sanftmütig, der Christ ist großherzig.

Er macht sein Herz weit. Und wenn wir Christen begegnen, die ein kleines Herz haben, heißt das, dass sie einen als Christentum getarnten Egoismus leben.

Christus hat uns geraten: »Sucht zuerst das Reich Gottes und seine Gerechtigkeit, dann wird euch alles andere dazugegeben«. Das Reich Gottes ist das *Alles*, alles andere ist zweitrangig, es ist nicht das Wichtigste. Alle Fehler der Kirche, all unsere Fehler kommen daher: wenn wir zum *Nichts* sagen, dass es *Alles* ist, und wenn das *Alles* nicht zu zählen scheint.

Homilie in Santa Marta, 17. Juni 2013

Kämpfe für die Gerechtigkeit und gegen die Ungerechtigkeit

»Selig, die hungern und dürsten nach der Gerechtigkeit« ist eine Bestätigung für all jene, die für Gerechtigkeit kämpfen, damit auf der Welt Gerechtigkeit herrsche. Und Jesus sagt: Selig, die gegen die Ungerechtigkeit kämpfen. Wir sehen also, dass dies eine Lehre ist, die gegen den Strom all dessen schwimmt, was die Welt uns sagt.

Homilie in Santa Marta, 9. Juni 2014

Hungre nach Gerechtigkeit und Würde

Es ist notwendig, dem Brot zu geben, der Hunger leidet; es ist ein Akt der Gerechtigkeit. Aber es gibt auch einen viel tieferen Hunger, den Hunger nach Glück, den nur Gott stillen kann. Den Hunger nach Würde. Es gibt weder eine wahre Verbesserung des Gemeinwohls, noch einen wahren Fortschritt des Menschen, wenn die Grundpfeiler, auf denen eine Nation ruht, ignoriert werden, nämlich ihre immateriellen Güter: das *Leben,* ein Geschenk Gottes und ein Wert, den es stets zu beschützen und zu fördern gilt; die *Familie*, das Fundament des Zusammenlebens und Heilmittel gegen den gesellschaftlichen Zerfall; die *ganzheitliche Erziehung,* die sich nicht nur auf einen einfachen, allein auf Profit ausgerichteten Informationstransfer beschränkt; die *Gesundheit,* die das ganzheitliche Wohl des Menschen im Blick haben muss, auch dessen spirituelle Dimension, die wesentlich für das menschliche Gleichgewicht und ein gesundes Zusammenleben ist; die *Sicherheit,* in der Überzeugung, dass sich die Gewalt nur besiegen lässt, wenn ihr die Verwandlung des menschlichen Herzens vorausgeht.

Homilie, 25. Juli 2013

Sei barmherzig, damit auch dir vergeben werde

Selig die Barmherzigen; denn sie werden Erbarmen finden. Es handelt sich um jene, die vergeben, die die Irrtümer der anderen verstehen. Jesus sagt nicht: Selig, die Rache üben, die sich rächen, oder die sagen »Auge um Auge, Zahn um Zahn«, sondern er nennt jene selig, die vergeben, die Barmherzigen. Und wir alle sind ein Heer von Menschen, denen vergeben wurde! Uns allen ist vergeben worden! Und deshalb ist der selig, der diesen Weg der Vergebung geht.

Homilie in Santa Marta, 9. Juni 2014

Gott freut sich, weil er barmherzig ist!

Das 15. Kapitel des Lukasevangeliums enthält die drei Gleichnisse der Barmherzigkeit: das Gleichnis vom verlorenen Schaf, jenes vom verlorenen Geldstück und dann das längste aller Gleichnisse, das charakteristisch für Lukas ist, das Gleichnis vom Vater und den beiden Söhnen, dem »verlorenen« Sohn und dem Sohn, der sich für »gerecht« hält, der sich »heilig« wähnt. Alle drei Gleichnisse sprechen von der Freude Gottes. Gott freut sich. Interessant ist das: Gott freut sich! Und worin besteht die Freude Gottes? Die Freude Gottes ist das Vergeben, die Freude Gottes besteht darin, zu vergeben! Es ist die Freude eines Hirten, der sein Schaf wiederfindet; die Freude einer Frau, die ihr Geldstück wiederfindet; es ist die Freude eines Vaters, der den Sohn wieder im Haus aufnimmt, der verloren war, der wie gestorben war und zum Leben zurückgekehrt ist, der nach Hause zurückgekehrt ist. Hier ist das ganze Evangelium! Hier! Hier ist das ganze Evangelium, hier ist das ganze Christentum! Aber aufgepasst, das ist keine Gefühligkeit, das ist kein »Gutmenschentum«! Im Gegenteil, die Barmherzigkeit ist die wahre Kraft, die den Menschen und die Welt vor dem »Krebsgeschwür« retten kann, das die Sünde ist, das moralische Übel, das spirituelle Übel. Allein die Liebe erfüllt die Leere, die negativen Abgründe, die das Böse im Herzen und in der Geschichte aufreißt. Allein die Liebe vermag dies, und das ist die Freude Gottes!

Angelus, 15. September 2013

Ein reines Herz ist ein Herz, das zu lieben versteht

»Selig, die ein reines Herz haben« ist ein Satz Jesu, der sich auf die bezieht, die ein einfaches, reines Herz haben, das nicht schmutzig ist: ein Herz, das mit dieser so wunderschönen Reinheit zu lieben versteht.

Homilie in Santa Marta, 9. Juni 2014

Das »Herz« ist deine Fähigkeit zur Liebe

Zuallererst müssen wir die biblische Bedeutung des Wortes *Herz* verstehen. Für die hebräische Kultur ist das Herz das Zentrum der Gefühle, der Gedanken und der Absichten des Menschen. Wenn die Bibel uns lehrt, dass Gott nicht auf das schaut, was vor den Augen ist, sondern auf das Herz (vgl. *1 Sam* 16,7), dann können wir auch sagen, dass es unser Herz ist, von dem aus wir Gott schauen können. Und das, weil das Herz den Menschen in seiner Ganzheit und Einheit von Leib und Seele zusammenfasst, in seiner Fähigkeit, zu lieben und geliebt zu werden.

Botschaft zum Weltjugendtag,
31. Januar 2015

Verliere nicht die Reinheit des Seins

Was hingegen die Definition von »*rein*« betrifft, so lautet das griechische Wort, das der Evangelist Matthäus verwendet, *katharos* und bedeutet im Wesentlichen *sauber, klar, frei von Schadstoffen* …

Jesus sagt ganz entschieden: »Nichts, was von außen in den Menschen hineinkommt, kann ihn unrein machen, sondern was aus dem Menschen herauskommt, das macht ihn unrein. Denn von innen, aus dem Herzen der Menschen, kommen die bösen Gedanken, Unzucht, Diebstahl, Mord, Ehebruch, Habgier, Bosheit, Hinterlist, Ausschweifung, Neid, Verleumdung, Hochmut und Unvernunft« (*Mk* 7,15.21-22).

Worin besteht also die Seligkeit, die aus einem reinen Herzen entspringt? Aus der Liste der von Jesus aufgezählten Übel, die den Menschen unrein machen, ersehen wir, dass das Problem vor allem den Bereich unserer *Beziehungen* betrifft.

Botschaft zum Weltjugendtag, 31. Januar 2015

Entwickle eine menschliche Ökologie

Jeder von uns muss lernen zu unterscheiden, was sein Herz »verunreinigen« kann, und ein aufrichtiges und feinfühliges Gewissen entwickeln, das fähig ist, zu »prüfen und erkennen, was der Wille Gottes ist: was ihm gefällt, was gut und vollkommen ist« (*Röm* 12,2). Wenn schon für die Bewahrung der Schöpfung, für die Reinheit der Luft, des Wassers und der Nahrung eine gesunde Wachsamkeit notwendig ist, um wie viel mehr müssen wir dann die Reinheit der Dinge schützen, die unser wertvollstes Gut sind: *unsere Herzen und unsere Beziehungen*. Diese »menschliche Ökologie« wird uns helfen, die reine Luft zu atmen, die aus den schönen Dingen, der echten Liebe, der Heiligkeit hervorgeht.

Botschaft zum Weltjugendtag, 31. Januar 2015

Der Friede ist frei von Missverständnissen, von Heimlichkeiten

»Selig, die Frieden stiften.« Es ist gang und gäbe, Kriege anzuzetteln oder zumindest Missverständnisse zu verursachen, indem ich von diesem etwas höre und zu jenem gehe und es erzähle; und dann schmücke ich es noch ein wenig aus und verbreite diese zweite Version. Es ist die Welt des Tratsches, die Welt von Leuten, die tratschen, die keinen Frieden stiften. Und sie ist mit Sicherheit nicht selig.

Homilie in Santa Marta, 9. Juni 2014

Es gibt keine Zukunft ohne Frieden

Der Friede ist nicht einfach nur Abwesenheit von Krieg, sondern ein allgemeiner Zustand, in dem der Mensch in Harmonie mit sich selbst, in Harmonie mit der Natur und in Harmonie mit den anderen lebt. Das ist der Friede. Dennoch: die Waffen zum Schweigen zu bringen und die Kriegsherde zu löschen bleibt die unausweichliche Grundvoraussetzung dafür, einen neuen Weg zu beschreiten, der zur Erlangung des Friedens in seinen verschiedenen Aspekten führt. Ich denke an die Konflikte, die nach wie vor allzu viele Regionen des Planeten mit Blut tränken, an die Spannungen in den Familien und Gemeinschaften – in wie vielen Familien, in wie vielen Gemeinschaften, auch in Pfarrgemeinden, herrscht doch Krieg! – oder an die hitzigen Auseinandersetzungen zwischen Gruppen verschiedener kultureller, ethnischer und religiöser Herkunft in unseren Städten und Ländern. Wir müssen davon überzeugt sein, auch wenn alles dagegenzusprechen scheint, dass die Eintracht immer möglich ist, auf allen Ebenen und in jeder Situation. Es gibt keine Zukunft ohne gute Vorsätze und Pläne für den Frieden! Es gibt keine Zukunft ohne Frieden!

Angelus, 4. Januar 2015

Kämpfe für die Gerechtigkeit, selbst wenn du dafür verfolgt wirst!

»Selig, die um der Gerechtigkeit willen verfolgt werden«: Wie viele Menschen werden und wurden einfach dafür verfolgt, dass sie für die Gerechtigkeit gekämpft haben.

Homilie in Santa Marta, 9. Juni 2014

Wir sind gerettet, daher werden wir verfolgt!

Gott hat uns erlöst. Er hat uns aus reiner Gnade erwählt. Mit seinem Tod und seiner Auferstehung hat er uns von der Macht der Welt, von der Macht des Teufels, von der Macht des Fürsten dieser Welt erlöst. Hier liegt der Ursprung des Hasses: Wir sind gerettet und der Fürst dieser Welt, der nicht will, dass wir gerettet sind, hasst uns und lässt die Verfolgung entstehen, die seit den ersten Tagen Jesu bis heute andauert. So viele christliche Gemeinschaften werden auf der ganzen Welt verfolgt. Heute mehr noch als in früheren Zeiten, ja! Heute, jetzt, an diesem Tag, zu dieser Stunde. Warum? Ganz einfach, weil der Geist der Welt voller Hass ist.

Homilie in Santa Marta, 4. Mai 2013

Triff endgültige und einschneidende Entscheidungen

Sich der Treue des Herrn anvertrauen ist eine Entscheidung, die zu treffen auch wir in unserem christlichen Leben Gelegenheit haben … eine große, schwere Entscheidung. Das wird uns bewusst, wenn wir das Leben der Märtyrer kennenlernen, wenn wir in den Zeitungen über Christenverfolgungen in unseren Tagen lesen. Denken wir an diese Brüder und Schwestern, die sich in Grenzsituationen befinden und diese Entscheidung treffen. Sie leben in unserer Zeit. Sie sind ein Vorbild für uns. Sie ermutigen uns, all das, was wir zum Leben haben, dem Schatz der Kirche anzuvertrauen.

Homilie in Santa Marta, 4. Mai 2013

Wage die Revolution des Glücks, gegen das vorherrschende Denken

Die Seligpreisungen Jesu sind Überbringer einer umwälzenden Neuheit, eines völlig gegensätzlichen Modells von Glück im Vergleich zu dem, das gewöhnlich von den *Medien*, vom vorherrschenden Denken vermittelt wird. Für die weltliche Mentalität ist es ein Skandal, dass Gott gekommen sein soll, um einer von uns zu werden, dass er an einem Kreuz gestorben sein soll! Gemäß der Logik dieser Welt werden die, welche Jesus »selig« preist, als »Verlierer«, als die Schwachen betrachtet. Stattdessen wird der Erfolg um jeden Preis, der Wohlstand, die Arroganz der Macht, das Sich-Durchsetzen auf Kosten der anderen verherrlicht.

Botschaft zum Weltjugendtag, 21. Januar 2014

Dein christlicher Personalausweis

Die Seligpreisungen sind in gewisser Weise der *Personalausweis* des Christen, der ihn als Anhänger Jesu ausweist. Wir sind berufen, Selige zu sein, Anhänger Jesu, indem wir den Leiden und Ängsten unserer Zeit mit dem Geist und der Liebe Jesu begegnen. In diesem Sinne könnten wir auf neue Situationen hinweisen, die es in einem frischen und stets gegenwartsbezogenen Geist zu leben gilt: Selig, die im Glauben das Böse ertragen, das andere ihnen antun, und von

Herzen verzeihen; selig, die den Ausgesonderten und an den Rand Gedrängten in die Augen schauen und ihnen Nähe zeigen; selig, die Gott in jedem Menschen erkennen und dafür kämpfen, dass auch andere diese Entdeckung machen; selig, die das »gemeinsame Haus« schützen und pflegen; selig, die zum Wohle anderer auf den eigenen Wohlstand verzichten; selig, die für die ganze Gemeinschaft der Christen beten und arbeiten … Sie alle sind Überbringer der Barmherzigkeit und der Zärtlichkeit Gottes und werden sicher den verdienten Lohn von Ihm erhalten.

Homilie, 1. November 2016

FREIE UND BEFREITE MENSCHEN

»Seid sorgsam bedacht auf euer geistliches Leben, das die Quelle der inneren Freiheit ist. Ohne Gebet gibt es keine innere Freiheit.«

6. Juni 2013

Befreie dich von der Macht der Dinge

Versucht *den Dingen gegenüber frei* zu sein. Der Herr ruft uns zu einem von Genügsamkeit geprägten Lebensstil im Sinne des Evangeliums und ermahnt uns, nicht der Kultur des Konsums zu erliegen. Es geht darum, die Wesentlichkeit zu suchen, zu lernen, viel Überflüssiges und Unnötiges, das uns erstickt, abzulegen. Kommen wir von der Habgier los, vom vergötterten und dann verschwendeten Geld.

Geben wir Jesus den ersten Platz. Er kann uns von den Vergötterungen befreien, die uns zu Sklaven machen. Vertraut auf Gott ...! Er kennt uns, er liebt uns und vergisst uns nie. Wie er für die Lilien des Feldes sorgt (vgl. *Mt* 6,28), so lässt er es uns an nichts fehlen!

Auch um die Wirtschaftskrise zu überwinden, muss man bereit sein, seinen Lebensstil zu ändern und die vielerlei Verschwendung zu vermeiden. So wie der Mut zum Glück nötig ist, braucht es auch den Mut zur Genügsamkeit.

Botschaft zum Weltjugendtag, 21. Januar 2014

Gehe über die Berechnungen menschlicher Effizienz hinaus

Schließlich ist es wichtig, vom Evangelium den Stil der Verkündigung zu erlernen. Denn nicht selten kann es – auch in bester Absicht – geschehen, dass man einer gewissen Machtbesessenheit, dem Bekehrungseifer oder intolerantem Fanatismus nachgibt. Das Evangelium dagegen fordert uns auf, die Vergötterung des Erfolgs und der Macht ebenso zurückzuweisen wie eine übertriebene Sorge um Strukturen und eine gewisse Angst, die mehr dem Eroberungsgeist entspricht als dem Geist des Dienens. Obwohl der Same des Gottesreiches klein, unsichtbar und zuweilen unbedeutend ist, wächst er in aller Stille dank des unaufhörlichen Wirkens Gottes: »Mit dem Reich Gottes ist es so, wie wenn ein Mann Samen auf seinen Acker sät; dann schläft er und steht wieder auf, es wird Nacht und wird Tag, der Samen keimt und wächst und der Mann weiß nicht, wie« (*Mk* 4,26-27).

Das ist unser erstes Vertrauen: Gott übersteigt unsere Erwartungen und überrascht uns mit seiner Großherzigkeit, indem er die Früchte unserer Arbeit aufkeimen lässt weit über die Berechnungen menschlicher Effizienz hinaus.

Botschaft zum Weltgebetstag für geistliche Berufe, 2017

Hör auf, am Tisch der Sklaverei zu sitzen

Auf unserem Lebensweg tendieren wir stets dazu, uns der Befreiung zu widersetzen. Wir haben Angst vor der Freiheit und bevorzugen paradoxerweise mehr oder weniger unbewusst die Knechtschaft. Die Freiheit ängstigt uns, denn sie konfrontiert uns mit der Zeit und unserer Verantwortung, diese gut zu leben. Die Knechtschaft dagegen reduziert die Zeit auf den »*Augenblick*«, und so fühlen wir uns sicherer, denn sie lässt uns Augenblicke erleben, die von der Vergangenheit und von unserer Zukunft losgelöst sind. Mit anderen Worten: Die Knechtschaft hindert uns daran, die Gegenwart wirklich und in Gänze zu leben, weil sie ihr die Vergangenheit raubt und die Zukunft, die Ewigkeit vor ihr verschließt. Die Knechtschaft macht uns glauben, dass wir nicht träumen, nicht fliegen, nicht hoffen können.

Vor einigen Tagen sagte ein großer italienischer Künstler, dass es für den Herrn leichter war, die Israeliten aus Ägypten herauszuführen, als Ägypten aus dem Herzen der Israeliten zu nehmen. Denn sie waren zwar »faktisch« aus der Versklavung befreit worden, aber auf dem Zug durch die Wüste begannen sie sich mit den mannigfaltigen Schwierigkeiten und dem zunehmenden Hunger schließlich nach Ägypten zurückzusehnen, und sie erinnerten sich an die Zeit, als sie »Zwiebeln und Knoblauch« (vgl. *Num* 11,5) zu essen gehabt hatten. Aber sie vergaßen dabei, dass sie vom Tisch der Sklaverei gegessen hatten. In unserem Herzen nistet sich die Sehnsucht nach der Sklaverei ein, weil sie scheinbar sicherer ist, sicherer als die Freiheit, die mit größeren Risiken verbunden ist. Wie sehr gefällt es uns doch, in einem Käfig aus vielen Feuerwerken eingesperrt zu sein, die zwar wunderschön sein mögen, in Wirklichkeit aber nur wenige Augenblicke dauern! Und das ist die Herrschaft, das ist die Faszination des Augenblicks!

Homilie, 31. Dezember 2014

Sei menschlich, weil du mehr als nur menschlich bist

Unser volles Menschsein erreichen wir, wenn wir mehr als nur menschlich sind, wenn wir Gott erlauben, uns über uns selbst hinauszuführen, damit wir zu unserem wahren Sein gelangen. Dort liegt die Quelle der Evangelisierung. Wenn nämlich jemand diese Liebe angenommen hat, die ihm den Sinn des Lebens zurückgibt, wie kann er dann den Wunsch zurückhalten, sie den anderen mitzuteilen?

Evangelii gaudium, 8

Mach dich frei, um dich Gott zu schenken

Die wahre Freiheit schenkt immer der Herr. Vor allem die Freiheit von der Sünde, vom Egoismus in all seinen Formen: die Freiheit sich hinzugeben und dies voller Freude zu tun, wie die Jungfrau von Nazareth, dic frei von sich selbst ist, die sich in ihrer Lage nicht in sich selbst zurückzieht – und sie hätte dafür wohl allen Grund gehabt! –, sondern an jene denkt, die in diesem Moment bedürftiger ist. Sie ist frei in der Freiheit Gottes, die sich in der Liebe verwirklicht. Dies ist die Freiheit, die Gott uns geschenkt hat, und wir dürfen sie nicht verlieren: die Freiheit, Gott anzubeten, Gott zu dienen und Ihm auch in unseren Brüdern und Schwestern zu dienen.

Homilie, 5. Juli 2014

Sei nicht der Sklave deiner persönlichen Ambitionen

Was bedeutet es, innerlich frei zu sein?

Vor allem heißt es, frei sein von persönlichen Plänen, frei sein von persönlichen Plänen … von der Möglichkeit, die Zukunft zu bestimmen … Es heißt, dass ihr euch in gewisser Weise auch frei macht von der Kultur und der Mentalität, aus der ihr stammt, nicht um sie zu vergessen und noch weniger um sie zu verleugnen, sondern um euch in Nächstenliebe dem Verständnis anderer Kulturen und der Begegnung mit Menschen zu öffnen, die Welten angehören, die von der euren teils sehr weit entfernt sind. Vor allem bedeutet es, wachsam zu sein, um frei zu sein von persönlichen Absichten und Ambitionen, die der Kirche sehr großen Schaden zufügen können. So sollt ihr dafür Sorge tragen, dass nicht eure Selbstverwirklichung oder die mögliche Anerkennung innerhalb oder außerhalb der kirchlichen Gemeinschaft an erster Stelle stehen, sondern immer das höhere Gut der Sache des Evangeliums und die Erfüllung der euch anvertrauten Mission. Und dieses Freisein von persönlichen Absichten und Ambitionen ist für mich wichtig, es ist wichtig. Der Karrierismus ist ein Übel, ein Übel. Bitte: keinen Karrierismus.

Ansprache, 6. Juni 2013

Gott möchte Frauen und Männer ohne Ketten

Gott macht uns klar, dass Er der gute Vater ist. Und wie macht er das? Wie genau macht er das? Dadurch, dass er seinen Sohn Mensch werden lässt. An diesem konkreten Menschen Jesus können wir verstehen, was Gott eigentlich meint. Er will Menschen, die frei sind, weil sie sich als Kinder eines guten Vaters immer geborgen wissen.

Um dies zu verwirklichen, braucht Gott nur einen Menschen. Er braucht eine Frau, eine Mutter, die seinen Sohn zur Welt bringt. Diese Frau ist die Jungfrau Maria, die wir mit dieser Vesper heute Abend ehren. Sie war vollkommen frei. In ihrer Freiheit hat sie »Ja« gesagt. Sie hat für immer das Gute getan. So hat sie Gott und den Menschen gedient. Sie hat Gott und den Menschen gedient. Halten wir uns ihr Beispiel vor Augen, wenn wir wissen wollen, was Gott von uns als seinen Kindern erwartet.

Begegnung, 5. August 2014

Denke stets über das nach, was du tust

Ich möchte über zwei grundlegende Werte sprechen: die Freiheit und den Dienst. Vor allem: Seid freie Menschen! Was will ich damit sagen? Vielleicht meint man, dass Freiheit darin besteht, alles zu tun, was man will – oder sich in Grenzerfahrungen vorzuwagen, um den Rausch zu spüren und die Langeweile zu überwinden. Das ist keine Freiheit. Freiheit heißt über das nachzudenken, was wir tun, heißt beurteilen zu können, was gut und was schlecht ist, welche Verhaltensweisen zum Wachstum beitragen, heißt also, immer das Gute zu wählen. Wir sind frei für das Gute. Und habt dabei keine Angst, gegen den Strom zu schwimmen, auch wenn es nicht einfach ist! Frei sein, um immer das Gute zu wählen, ist anspruchsvoll, aber es macht euch zu Menschen, die Rückgrat haben, die dem Leben zu begegnen wissen, Menschen mit Mut und Geduld *(parrhesia* und *hypomoné)*.

Ansprache, 7. Juni 2013

Die Unruhe ist ein guter Samen

Wenn ich höre, dass ein Jugendlicher oder eine Jugendliche Unruhe verspürt, dann empfinde ich es als meine Pflicht, diesen Jugendlichen zu dienen, dieser Unruhe einen Dienst zu leisten, denn diese Unruhe ist wie ein Samenkorn, das sich weiterentwickeln und Früchte tragen wird. Und in diesem Augenblick spüre ich, dass ich mit euch einen Dienst leiste an dem, was in diesem Augenblick das Kostbarste ist: eure Unruhe.

Begegnung mit Jugendlichen, 31. März 2014

Nimm die Zehn Gebote als Weg für deine vollkommene Verwirklichung an

Die Zehn Gebote weisen einen Weg der Freiheit, der seine Fülle im Gesetz des Geistes findet, das nicht auf Steintafeln, sondern ins Herz geschrieben steht (vgl. *2 Kor* 3,3): Dort stehen die Zehn Gebote geschrieben! Es ist wichtig, sich in Erinnerung zu rufen, wann Gott dem Volk Israel durch Mose die Zehn Gebote gibt. Am Roten Meer hatte das Volk die große Befreiung am eigenen Leib erfahren; es hatte die Macht und die Treue Gottes greifbar gespürt, jenes Gottes, der frei macht. Jetzt, auf dem Berg Sinai, zeigt Gott selbst seinem Volk und uns allen den Weg, um frei zu bleiben, einen Weg, der in das Herz des Menschen eingemeißelt ist wie ein universelles Moralgesetz. Wir dürfen die Zehn Gebote nicht als Einschränkungen der Freiheit sehen, nein, das sind sie nicht. Wir müssen sie vielmehr als Wegweiser zur Freiheit sehen. Sie sind keine Einschränkungen, sondern Wegweiser zur Freiheit! Sie weisen uns den Weg, die Knechtschaft zu vermeiden, in die uns die vielen Götzen führen, die wir selbst uns erschaffen – wir haben es viele Male in der Geschichte erfahren und erfahren es auch heute noch; sie weisen uns den Weg, uns einer neuen, viel weiteren Dimension als der rein materiellen zu öffnen, den Respekt gegenüber den Menschen zu leben, indem wir die

Gier nach Macht, Besitz und Geld überwinden, offen und ehrlich in unseren Beziehungen zu sein, die gesamte Schöpfung zu beschützen und unseren Planeten mit hohen, edlen und spirituellen Idealen zu erhalten. Den Zehn Geboten folgen bedeutet uns selbst treu zu sein, unserer zutiefst wahren Natur und der wahren Freiheit entgegenzugehen, die Christus in den Seligpreisungen gelehrt hat.

Videobotschaft, 8. Juni 2013

Tritt ein in das Leben der Dreifaltigkeit

»Ja, Vater, so hat es dir gefallen« (*Lk* 10,21). Dieser Ausruf Jesu ist in Bezug zu *seiner inneren Freude* zu verstehen, wo das Gefallen auf einen wohlwollenden Heilsplan des Vaters für die Menschen hinweist. Vor dem Hintergrund dieser göttlichen Güte hat Jesus frohlockt, denn der Vater hat beschlossen, die Menschen so zu lieben, wie Er seinen Sohn geliebt hat. Lukas berichtet auch von einer ähnlichen Freude bei Maria: »Meine Seele preist die Größe des Herrn, und mein Geist jubelt über Gott, meinen Retter« (*Lk* 1,46-47). Hier geht es um die Frohe Botschaft, die zur Erlösung führt. Maria trug Jesus in ihrem Schoß, den Evangelisierer schlechthin; sie besuchte Elisabeth, wo sie vom Heiligen Geist erfüllt vor Freude jubelte und das *Ma-*

gnifikat sang. Als Jesus sah, dass die Jünger ihren Auftrag erfolgreich erfüllt hatten und daher voll Freude waren, frohlockte auch er im Heiligen Geist und wandte sich im Gebet an den Vater. In beiden Fällen geht es um die Freude über die stattfindende Erlösung, da die Liebe, mit der der Vater seinen Sohn liebt, bis zu uns gelangt und uns durch das Wirken des Heiligen Geistes umhüllt und in das Leben der Dreifaltigkeit eintreten lässt.

Botschaft, 8. Juni 2014

Gott ist es, der uns frei macht

Der lebendige Gott macht uns frei! Sagen wir Ja zur Liebe und Nein zum Egoismus, sagen wir Ja zum Leben und Nein zum Tod, sagen wir Ja zur Freiheit und Nein zur Versklavung durch die vielen Götzen unserer Zeit. In einem Wort: Sagen wir Ja zu Gott, der Liebe, Leben und Freiheit ist und niemals enttäuscht, zu Gott dem Lebenden und dem Barmherzigen. Allein der Glaube an den lebendigen Gott rettet uns – der Glaube an den Gott, der uns in Jesus Christus sein Leben geschenkt hat mit der Gabe des Heiligen Geistes und der uns als wahre Kinder Gottes mit seiner Barmherzigkeit leben lässt. Dieser Glaube macht uns frei und glücklich.

Homilie, 16. Juni 2013

Wer den Zehn Geboten folgt, sagt Ja zur Liebe

Die wahre Freiheit besteht nicht darin, unserem Egoismus zu folgen, unseren blinden Leidenschaften, sondern zu lieben, sich für das Richtige in jeder Situation zu entscheiden. Die Zehn Gebote sind keine Hymne auf das »Nein«, sondern auf das »Ja«. Ein »Ja« zu Gott, das »Ja« zur Liebe, und wenn ich »Ja« zur Liebe sage, dann sage ich »Nein« zur Nicht-Liebe. Das »Nein« aber folgt aus jenem »Ja«, das von Gott kommt und das uns lieben lässt.

Lasst uns die Zehn Worte Gottes wiederentdecken und leben! Sagen wir »Ja« zu diesen »zehn Wegen der Liebe«, die Christus vervollkommnet hat, um den Menschen zu verteidigen und ihn zur wahren Freiheit zu führen!

Videobotschaft, 8. Juni 2013

Erkenne die Zeichen Gottes in deinem Leben

Liebt Jesus Christus immer mehr! Unser Leben ist eine Antwort auf seinen Ruf, und ihr werdet glücklich sein und euer Leben gut aufbauen, wenn ihr es versteht, auf diesen Ruf zu antworten. Spürt die Gegenwart des Herrn in eurem Leben. Er ist einem jeden von euch nahe als Gefährte, als Freund, der euch helfen und verstehen kann, der euch in schwierigen Augenblicken ermutigt und euch nie verlässt. Im Gebet, im Dialog mit Ihm, im Lesen der Bibel werdet ihr entdecken, dass Er euch wirklich nahe ist. Und lernt auch, die Zeichen Gottes in eurem Leben zu erkennen. Er spricht ständig zu uns, auch durch die Geschehnisse unserer Zeit und unseres täglichen Daseins; es ist an uns, Ihm zuzuhören.

Ansprache, 7. Juni 2013

II

DU UND DIE ANDEREN – GLÜCK IN DEN BEZIEHUNGEN

SEI EIN LICHT, DAS ÜBERSPRINGT

»Den Trost Gottes empfangen und bringen:
dieser Auftrag ist dringend.«
1. Oktober 2016

Das Geheimnis eines gelungenen Lebens

Das Geheimnis eines gelungenen Lebens liegt darin, zu lieben und sich aus Liebe hinzugeben. Dann findet man die Kraft, sich »freudig aufzuopfern«, und der Einsatz, der am meisten einfordert, wird zur Quelle einer größeren Freude. Dann machen endgültige Lebensentscheidungen keine Angst mehr, sondern erscheinen in ihrem wahren Licht, als eine Möglichkeit, die eigene Freiheit vollkommen zu verwirklichen.

Ansprache, 21. September 2014

Der Dienst am Nächsten befreit uns von der Traurigkeit, die uns »niederdrückt«

Dies ist die Freiheit, die wir mit der Gnade Gottes in der christlichen Gemeinschaft erfahren, wenn wir uns einer in den Dienst des anderen stellen. Ohne Eifersucht, ohne Parteilichkeit, ohne üble Nachrede … Einander dienen, uns gegenseitig dienen! Dann befreit uns der Herr von Ehrgeiz und Rivalität, die die Einheit der Gemeinschaft untergraben. Er befreit uns vom Misstrauen, von der Traurigkeit – diese Traurigkeit ist gefährlich, weil sie uns niederdrückt; sie ist gefährlich, seid vorsichtig! Er befreit uns von der Angst, von der inneren Leere, von der Vereinsamung, vom Bedauern, von den Klagen. Auch unsere Gemeinschaften sind nämlich nicht frei von negativen Haltungen, die die Menschen ichbezogen machen, mehr darum besorgt, sich zu verteidigen, als sich hinzugeben. Aber Christus befreit uns von diesem existenziellen Grau, wie wir es im Antwortpsalm beteuert haben: »Du bist meine Hilfe und mein Retter.« Daher sind die Jünger, wir Jünger des Herrn, selbst wenn wir immer schwach und Sünder bleiben – wir alle sind es! –, also selbst wenn wir schwach und Sünder bleiben, berufen, unseren Glauben, die Gemeinschaft mit Gott und unseren Brüdern und Schwestern, die Verehrung Gottes voller

Freude und Mut zu leben und den Mühen und Bewährungsproben des Lebens voller Stärke die Stirn zu bieten.

Homilie, 5. Juli 2014

Bring den Frieden, bring das Öl Jesu

Wir sind gesalbt: Christ sein bedeutet »gesalbt sein«. Und warum sind wir gesalbt? Um was zu tun? »Er hat mich ausgesandt, um die frohe Botschaft zu bringen« – aber wem? »Den Armen«, »um die Wunden der gebrochenen Herzen zu heilen, den Gefesselten die Befreiung, den Gefangenen die Entlassung zu verkünden, um das Gnadenjahr des Herrn auszurufen« (vgl. *Jes* 61,1-2). Das ist die Berufung Christi und auch die Berufung der Christen. Zu den anderen zu gehen, zu denen, die Beistand benötigen, sei es materieller oder spiritueller Beistand … So viele Menschen leiden Kummer wegen familiärer Probleme … Den Frieden dorthin zu bringen, die Salbung Jesu zu bringen, dieses Öl Jesu, das so guttut und die Seelen tröstet.

Homilie, 14. Dezember 2014

Das Glück lässt sich nicht kaufen

Niemand von uns weiß, was uns im Leben erwartet. Ihr Jugendlichen fragt: »Was erwartet mich?« Wir können üble Dinge tun, sehr üble, aber, bitte, verzweifelt nicht, es gibt nämlich stets den Vater, der auf uns wartet! Heimkehren, heimkehren! Das ist das Wort. *Come back!* Nach Hause zurückkehren, denn der Vater wartet auf mich. Und wenn ich ein großer Sünder bin, wird er ein großes Fest feiern. Und ihr Priester, bitte, umarmt die Sünder und seid barmherzig! Und das zu spüren, ist schön! Mich macht das glücklich, denn Gott wird niemals müde, uns zu verzeihen. Er wird niemals müde, auf uns zu warten.

Ansprache, 15. August 2014

Durch Übertragung von Freude: so verkündet es uns das Evangelium

Als Jesus die Zwölf aussandte, sagte er zu ihnen: »Steckt nicht Gold, Silber und Kupfermünzen in euren Gürtel. Nehmt keine Vorratstasche mit auf den Weg, kein zweites Hemd, keine Schuhe, keinen Wanderstab; denn wer arbeitet, hat ein Recht auf seinen Unterhalt« (*Mt* 10,9-10). Die evangelische Armut ist eine Grundvoraussetzung, damit das Reich Gottes sich ausbreiten kann. Die schönsten und spontansten Freuden, die ich im Laufe meines Lebens gesehen habe, sind die armer Menschen, die wenig haben, an das sie sich klammern können. Die Evangelisierung wird in unserer Zeit nur durch Übertragung von Freude möglich sein.

Botschaft zum Weltjugendtag, 21. Januar 2014

Lerne und lehre zu unterscheiden

Solange wir noch Kinder sind, ist es leicht möglich, dass Vater und Mutter uns sagen, was wir tun sollen – nun gut, heute ist das, glaube ich, nicht mehr so einfach; zu meiner Zeit ja, aber heute weiß ich nicht, jedenfalls ist es einfacher. Wenn wir jedoch heranwachsen, inmitten einer Vielzahl von Stimmen, wo scheinbar alle recht haben, ist die Erkenntnis dessen, was uns zur Auferstehung, zum Leben und nicht zu einer Kultur des Todes führt, entscheidend. Daher betone ich so sehr die Notwendigkeit dieses Unterscheidungsvermögens. Es ist ein katechetisches Mittel, auch für das Leben. In der Katechese, in der geistlichen Begleitung, in den Predigten müssen wir unserem Volk, den jungen Menschen, den Kindern, den Erwachsenen dieses Unterscheidungsvermögen beibringen. Und wir müssen ihnen beibringen, um die Gnade der Unterscheidung zu bitten.

Ansprache, 25. März 2017

Christus klopft an die Tür deines Herzens. Klopfe auch du beim Herz deiner Brüder an

Heute klopft Christus an die Tür eures wie auch meines Herzens. Er fordert euch und mich auf, uns zu erheben, ganz wach und aufmerksam zu sein und die Dinge zu sehen, die im Leben wirklich wichtig sind.

Mehr noch: Er bittet euch und mich, hinauszugehen auf die Straßen und Gassen dieser Welt und an die Türen der Herzen anderer zu klopfen mit der Einladung, Ihn in ihrem Leben willkommen zu heißen.

Ansprache, 15. August 2014

Wer die Armen liebt, verwirklicht das Evangelium (und nicht den Kommunismus)

Ich bin gläubig, ich glaube an Gott, ich glaube an Jesus Christus und an sein Evangelium, und das Herzstück des Evangeliums ist die Verkündigung an die Armen. Wenn du zum Beispiel die Seligpreisungen liest oder wenn du *Matthäus* 25 liest, dann siehst du dort, dass Jesus es ganz deutlich sagt. Das ist das Herzstück des Evangeliums. Und Jesus sagt von sich selbst: »Ich bin gekommen, um den Armen die Befreiung, das Heil, die Gnade Gottes zu verkündigen …« Den Armen. Denen, die das Heil brauchen, die in die Gesellschaft aufgenommen werden müssen. Wenn du das Evangelium liest, dann siehst du auch, dass Jesus eine gewisse Vorliebe für die Ausgegrenzten hatte: die Aussätzigen, die Witwen, die Waisenkinder, die Blinden … die ausgegrenzten Menschen. Und auch für die großen Sünder … und das ist mein Trost! Ja, denn er schreckt nicht einmal vor der Sünde zurück! Wenn ich einen Menschen wie Zachäus sehe, der ein Dieb war, oder wie

Matthäus, der für Geld sein Vaterland verriet – Jesus ist nicht vor ihnen zurückgeschreckt! Er hat sie angeblickt und hat sie auserwählt. Auch das ist eine Armut: die Armut der Sünde. Für mich gehört das Herzstück des Evangeliums den Armen. Vor zwei Monaten habe ich gehört, dass jemand aufgrund dieser Rede von den Armen, aufgrund dieser Vorliebe gesagt hat: »Dieser Papst ist Kommunist.« Nein! Das ist ein Markenzeichen des Evangeliums, nicht des Kommunismus: des Evangeliums! Aber die Armut ohne Ideologie, die Armut … Und daher glaube ich, dass die Armen im Mittelpunkt der Verkündigung Jesu stehen.

Begegnung mit Jugendlichen, 31. März 2014

Erkenne den anderen und suche sein Wohl

Das Gute neigt immer dazu, sich mitzuteilen. Jede echte Erfahrung von Wahrheit und Schönheit sucht von sich aus, sich zu verbreiten, und jeder Mensch, der eine tiefe Befreiung erfährt, erwirbt eine größere Sensibilität für die Bedürfnisse der anderen. Wenn man das Gute mitteilt, fasst es Fuß und entwickelt sich. Darum gibt es für jeden, der ein würdiges und erfülltes Leben zu führen wünscht, keinen anderen Weg, als den anderen anzuerkennen und sein Wohl zu suchen.

Evangelii gaudium, 9

Die wahre Freude erwächst aus der Begegnung

Wir wissen, dass die Dinge der Welt das eine oder andere Verlangen befriedigen, dass sie eine Emotion erzeugen können, aber letztendlich ist das eine Art von Freude, die an der Oberfläche bleibt, die nicht bis ins Innerste vordringen kann, die keine innere Freude ist. Es ist eine Trunkenheit des Augenblicks, die nicht wirklich glücklich macht. Die Freude ist nicht die Trunkenheit des Augenblicks: Sie ist etwas völlig anderes!

Die wahre Freude kommt nicht von den Dingen, vom Besitz, nein! Sie kommt aus der Begegnung, aus der Beziehung zu den anderen, sie entsteht, wenn man sich akzeptiert, verstanden, geliebt fühlt und selbst akzeptiert, versteht und liebt; und zwar nicht mit dem kurzlebigen Interesse eines Augenblicks, sondern weil das Gegenüber, der andere ein Mensch ist. Die Freude entsteht aus der Unentgeltlichkeit einer Begegnung! Sie besteht darin, sich sagen zu hören: »Du bist wichtig für mich«, auch wenn es nicht notwendigerweise in Worten ausgedrückt wird. Das ist schön … Und Gott gibt uns gerade das zu verstehen. Gott sagt euch, indem er euch beruft: »Du bist mir wichtig, ich liebe dich, ich zähle auf dich.« Jesus sagt das zu einem jeden von uns! Das ist der Ursprung der Freude! Die Freude jenes Augenblicks, in dem Jesus mich angeschaut hat. Das zu verstehen und zu spüren ist das Geheimnis unserer Freude. Sich von Gott geliebt fühlen. Spüren, dass wir keine bloßen Nummern für ihn sind, sondern Menschen; und spüren, dass Er es ist, der uns ruft. Priester, Ordensmann, Ordensfrau ist nicht in erster Linie eine Entscheidung, die wir treffen. Ich traue diesem Seminaristen, dieser Novizin nicht, die sagen: »Ich habe diesen Weg gewählt.« Das gefällt mir nicht! Das geht nicht! Es ist vielmehr die Antwort auf einen Ruf und zwar auf einen Ruf der Liebe. Ich spüre etwas in meinem Inneren, das mich unruhig macht, und ich antworte: »Ja!« Der Herr lässt uns diese Liebe im Gebet verspüren, aber auch durch viele Zeichen, die wir in unserem Leben entdecken können, durch viele Menschen, die er auf den Weg schickt. Und die Freude über die Begegnung mit Ihm und über seinen Ruf führt dazu, dass wir uns nicht verschließen, sondern uns öffnen; sie führt zum Dienst in der Kirche.

Begegnung mit den Seminaristen, Novizen und Novizinnen,
6. Juli 2013

Trockne deine Tränen und die deiner Brüder

»Tröstet, tröstet mein Volk« (*Jes* 40,1), sind die eindringlichen Worte, die der Prophet auch heute hören lässt, damit zu allen, die Leid und Schmerz tragen, ein Wort der Hoffnung gelange. Lassen wir uns nie die Hoffnung nehmen, die aus dem Glauben an den auferstandenen Herrn kommt. Es stimmt, oft werden wir auf eine harte Probe gestellt, doch dürfen wir nie die Gewissheit verlieren, dass der Herr uns liebt. Sein Erbarmen zeigt sich auch in der Nähe, Zuneigung und Hilfe vieler Brüder und Schwestern, wenn Tage der Traurigkeit und des Leids hereinbrechen. Tränen zu trocknen ist eine konkrete Handlung, die den Kreis der Einsamkeit, in dem wir oft eingeschlossen sind, durchbricht.

Misericordia et misera, 13

Geh auf die Armen zu, nimm den Mund nicht voll mit ihrem Namen

Wir alle bedürfen der *Umkehr in Bezug auf die Armen*. Wir müssen uns um sie kümmern, ihre geistigen und materiellen Bedürfnisse einfühlsam wahrnehmen. Euch Jugendlichen übertrage ich in besonderer Weise die Aufgabe, die Solidarität erneut ins Zentrum der menschlichen Kultur zu stellen. Gegenüber alten und neuen Formen der Armut – Arbeitslosigkeit, Auswanderung, viele Abhängigkeiten verschiedener Art – haben wir die Pflicht, wachsam und informiert zu sein und der Versuchung zur Gleichgültigkeit zu widerstehen. Denken wir auch an diejenigen, die sich nicht geliebt fühlen, die keine Zukunftshoffnung haben, die es aufgeben, sich im Leben zu engagieren, weil sie entmutigt, enttäuscht und verängstigt sind. Wir müssen lernen, den Armen nahe zu sein. Nehmen wir den Mund nicht voll mit schönen Worten über die Armen! Gehen wir auf sie zu, sehen wir ihnen in die Augen, hören wir ihnen zu! Die Armen sind für uns eine konkrete Gelegenheit, Christus selbst zu begegnen, seinen leidenden Leib zu berühren.

Botschaft zum Weltjugendtag, 21. Januar 2014

Am Ende von allem, was bleibt? Gott und die anderen!

Gott befragt uns heute über den Sinn unseres Lebens. Mit einem Bild könnte man sagen, dass die Seiten des Evangeliums sich wie ein »Sieb« mitten in das Dahinfließen unseres Lebens senken: Sie erinnern uns daran, dass fast alles in dieser Welt vergeht wie das Wasser, das verrinnt, dass es aber kostbare Wirklichkeiten gibt, die bleiben – wie ein kostbarer Stein in einem Sieb. Was bleibt, was ist wertvoll im Leben, welche Reichtümer schwinden nicht dahin? Sicher zwei: *der Herr* und *der Nächste*. Diese beiden Reichtümer schwinden nicht dahin! Sie sind die wichtigsten Güter, die es zu lieben gilt; alles andere – der Himmel, die Erde, die schönsten Dinge, auch dieser Petersdom hier – all das vergeht. Doch *Gott und die anderen* dürfen wir nicht aus unserem Leben ausschließen.

Homilie, 13. November 2016

Wo ist dein Schatz?

Wo ist euer Schatz? Auf welchem Schatz ruht euer Herz? Ja, unsere Herzen können sich an wahre oder an falsche Schätze hängen, können echte Ruhe finden oder einschlafen, indem sie träge und abgestumpft werden. Das kostbarste Gut, das wir im Leben haben können, ist unsere Beziehung zu Gott. Seid ihr davon überzeugt? Ist euch bewusst, wie unschätzbar wertvoll ihr in Gottes Augen seid? Wisst ihr, dass ihr von Ihm bedingungslos geliebt und angenommen werdet, so wie ihr seid?

Wenn diese Wahrnehmung schwindet, wird das Menschsein ein unverständliches Rätsel, denn gerade das Wissen darum, dass wir von Gott bedingungslos geliebt werden, verleiht unserem Leben Sinn. Erinnert ihr euch an das Gespräch Jesu mit dem reichen jungen Mann (vgl. *Mk* 10,17-22)? Der Evangelist Markus vermerkt, dass der Herr ihn ansah und ihn liebte (vgl. V. 21) und ihn dann einlud, Ihm zu folgen, um den wahren Schatz zu finden.

Botschaft zum Weltjugendtag,
31. Januar 2015

Wo ruht dein Herz?

Die Frage, die ich euch stellen möchte, ist nicht neu. Ich nehme sie aus dem Evangelium. Aber nachdem ich euch gehört habe, glaube ich, dass es in diesem Augenblick die richtige für euch ist. Wo ist dein Schatz? Das ist die Frage. Wo ruht dein Herz? Auf welchem Schatz ruht dein Herz?

Denn wo dein Schatz ist, dort wird dein Leben sein. Das Herz hängt am Schatz, an einem Schatz, den wir alle haben: Macht, Geld, Stolz, viele andere … oder das Gute, die Schönheit, der Wunsch, Gutes zu tun … Es kann viele Schätze geben … Wo ist dein Schatz? Das ist die Frage, die ich euch stelle, aber die Antwort müsst ihr euch selbst geben, allein! Bei euch zu Hause …

Begegnung mit Jugendlichen,
31. März 2014

Entscheide dich, welche Frau oder welcher Mann du sein möchtest: egoistisch oder brüderlich?

Ein echter brüderlicher Geist besiegt den individuellen Egoismus, der den Menschen die Möglichkeit verstellt, in Freiheit und Harmonie miteinander zu leben. Dieser Egoismus kommt gesellschaftlich sowohl in den vielen Formen von Korruption zum Vorschein, die heute so flächendeckend verbreitet sind, als auch in der Bildung krimineller Organisationen – angefangen bei den kleinen Gruppen bis hin zu solchen, die auf globaler Ebene agieren –, die die Würde des Menschen im

Innersten treffen dadurch, indem sie die Legalität und das Recht zutiefst zerrütten.

Diese Organisationen beleidigen Gott zutiefst, schaden den Mitmenschen und verletzen die Schöpfung – umso mehr, wenn sie sich einen religiösen Anstrich geben.

Ich denke an das erschütternde Drama der Droge, mit der zum Hohn der moralischen und zivilen Gesetze Gewinn gemacht wird; an die Zerstörung der natürlichen Ressourcen und die gegenwärtige Umweltverschmutzung, an die Tragödie der Ausbeutung der Arbeitskraft; ich denke an die illegalen Geldgeschäfte wie die Finanzspekulation, die oft räuberische Züge annimmt und schädlich ist für ganze Wirtschafts- und Gesellschaftssysteme, indem sie Millionen von Menschen der Armut aussetzt; ich denke an die Prostitution, die täglich unschuldige Opfer fordert, vor allem unter den Jüngsten, indem sie ihnen die Zukunft nimmt; ich denke an die Abscheulichkeit des Menschenhandels, an die Verbrechen gegen Minderjährige und die Missbräuche Minderjähriger, an die Sklaverei, die in vielen Teilen der Welt immer noch ihren Schrecken verbreitet, an die oft ungehörte Tragödie der Migranten, mit denen in der Illegalität in unwürdiger Weise spekuliert wird.

Botschaft zum Weltfriedenstag, 2014

Lerne von der Weisheit der Armen

Die Armen sind nicht nur Menschen, denen wir etwas geben können. Auch sie *haben uns viel zu geben, viel zu lehren*. Wir haben so viel von der Weisheit der Armen zu lernen! Bedenkt, dass ein Heiliger des 18. Jahrhunderts, Benedikt Joseph Labre, der in Rom auf der Straße schlief und von den Almosen der Leute lebte, zum geistlichen Berater vieler Menschen wurde, darunter auch Adelige und Prälaten. In gewissem Sinn sind die Armen für uns wie Lehrmeister. Sie lehren uns, dass der Wert eines Menschen nicht nach seinem Besitz bemessen wird, danach, wie viel er auf seinem Bankkonto hat. Ein Armer, ein Mensch ohne materielle Güter, behält immer seine Würde. Die Armen können uns auch viel über die Demut und das Gottvertrauen lehren. Im Gleichnis vom Pharisäer und dem Zöllner (*Lk* 18,9-14) stellt Jesus Letzteren als Vorbild dar, weil er demütig ist und sich als Sünder bekennt. Auch die Witwe, die zwei kleine Münzen in den Opferkasten des Tempels wirft, ist ein Beispiel der Großherzigkeit derer, die, obwohl sie wenig oder nichts besitzen, alles hergeben (vgl. *Lk* 21,1-4).

Botschaft zum Weltjugendtag, 21. Januar 2014

Die Kirche sei das Haus deines Trostes

Gott tröstet uns nicht nur im Herzen; durch den Propheten Jesaja fügt er nämlich hinzu: »In Jerusalem findet ihr Trost« (66,13). In Jerusalem, das heißt in der Stadt Gottes, in der Gemeinschaft: Wenn wir verbunden sind, wenn Gemeinschaft unter uns herrscht, dann wirkt der Trost Gottes. In der Kirche findet man Trost, sie ist *das Haus des Trostes*: Hier möchte Gott trösten. Wir können uns fragen: Bin auch ich, der ich in der Kirche bin, Überbringer von Gottes Trost? Verstehe ich es, den anderen als Gast aufzunehmen und den zu trösten, den ich müde und enttäuscht sehe? Auch wenn er Betrübnis erleidet und auf Verschlossenheit stößt, ist der Christ immer aufgerufen, dem, der sich aufgegeben hat, Hoffnung zuzusprechen, den Entmutigten aufzurichten, das Licht Jesu zu bringen, die Wärme seiner Gegenwart, die Stärkung seiner Vergebung.

Viele leiden, erfahren Prüfungen und Ungerechtigkeiten, leben in Besorgnis. Da ist die Salbung des Herzens nötig, dieser Trost des Herrn, der die Probleme nicht nimmt, aber die Kraft der Liebe schenkt, die den Schmerz in Frieden zu tragen vermag.

Homilie, 1. Oktober 2016

Im Dialog – der Weg zu Gott

Frage eines Mädchens: Ich sehe Gott in den anderen. Wo sehen Sie Gott?

Papst Franziskus: Ich versuche – versuche! –, ihm in allen Lebensumständen zu begegnen. Ich suche … Ich finde ihn, wenn ich die Bibel lese, ich finde ihn in der Feier der Sakramente, im Gebet, und auch in meiner Arbeit versuche ich ihn zu finden, in den Menschen, in den verschiedenen Menschen … Vor allem finde ich ihn in den Kranken: Die Kranken tun mir gut, denn ich frage mich, wenn ich bei einem Kranken bin: »Warum er und nicht ich?« Und ich finde ihn bei den Gefangenen: Warum ist gerade er im Gefängnis und ich nicht? Und ich spreche mit Gott: »Du verhältst dich immer ungerecht: Warum er und nicht ich?« Und darin finde ich Gott, aber stets im Dialog. Es tut mir gut, ihn den ganzen Tag zu suchen. Es gelingt mir nicht, aber ich versuche es – im Dialog zu stehen. Mir gelingt das nicht so gut: Die Heiligen haben das gut gemacht, ich noch nicht … Aber das ist der Weg.

Begegnung mit Jugendlichen, 31. März 2014

Wir alle brauchen Trost

Wir alle brauchen Trost, denn keiner ist gefeit gegen Leid, Schmerz und Unverständnis. Wie viel Schmerz kann ein feindseliges Wort, entstanden durch Neid, Eifersucht und Zorn, auslösen! Wie viel Leid widerfährt dem, der betrogen, gewaltvoll behandelt oder verlassen wird; wie viel Bitterkeit angesichts des Todes geliebter Menschen! Und doch ist Gott nie fern, wenn man diese schrecklichen Ereignisse durchlebt. Ein ermutigendes Wort, eine Umarmung, durch die man sich verstanden fühlt, eine zärtliche, liebevolle Geste, ein Gebet, das Kraft gibt… Sie alle sind Ausdruck der Nähe Gottes durch den Trost seitens unserer Mitmenschen.

Misericordia et misera, 13

Wir sind der Widerschein eines verwandelnden Lichts

Jesus fordert uns auf, durch das Zeugnis guter Werke ein Widerschein seines Lichts zu sein. Er sagt: »So soll euer Licht leuchten vor den Menschen, damit sie eure guten Werke sehen und euren Vater, der in den Himmeln ist, verherrlichen« (*Mt* 5,16). Diese Worte machen deutlich, dass nicht unsere Worte, sondern unsere Taten uns als wahre Nachfolger von Ihm, dem Licht der Welt, erkennen lassen. Tatsächlich ist es in erster Linie unser Verhalten, das – im Guten wie im Bösen – eine Spur in den anderen hinterlässt. Folgendes ist also unsere Aufgabe und unsere Verantwortung für das empfangene Geschenk: Wir dürfen das Licht des

Glaubens, das durch Christus und durch das Wirken des Heiligen Geistes in uns scheint, nicht festhalten, als wäre es unser Eigentum. Wir sind vielmehr dazu berufen, es in der Welt leuchten zu lassen, es den anderen durch gute Werke weiterzugeben. Und wie sehr braucht doch die Welt das Licht des Evangeliums, das verwandelt, gesund macht und denen, die es annehmen, Heil gewährt! Dieses Licht gilt es, mit unseren guten Werken weiterzutragen.

Angelus, 5. Februar 2017

Ein Lächeln verändert die Welt

Stellen wir uns die Frage, wie wir uns als Gemeinschaft oder auch als Einzelne angesprochen fühlen, wenn wir im Alltag Personen begegnen oder mit solchen zu tun haben, die möglicherweise Opfer von Menschenhandel sind, oder wenn wir vor der Entscheidung stehen, ob wir Produkte kaufen, von denen es gut sein könnte, dass andere Menschen für ihre Herstellung ausgebeutet wurden. Einige von uns verschließen – aus Gleichgültigkeit oder weil sie durch die Alltagssorgen abgelenkt sind, oder auch aus finanziellen Gründen – die Augen. Andere jedoch entscheiden sich dafür, etwas Gutes zu tun, sich in bürgerlichen Vereinigungen zu engagieren oder täglich kleine Gesten zu zeigen – die sehr viel wert sind! –, und richten an diese Menschen zum Beispiel ein Wort, einen Gruß, ein »Guten Tag« oder ein Lächeln. Diese Gesten kosten uns nichts, können anderen jedoch Hoffnung schenken, Wege auftun, das Leben eines Menschen, der in Unsichtbarkeit lebt, verändern, und auch unser Leben im Vergleich mit dieser Realität verändern.

Botschaft zum Weltfriedenstag, 2015

Mitgefühl kann sich auch durch Schweigen ausdrücken

Hin und wieder kann auch das *Schweigen* ungemein helfen; denn manchmal gibt es keine Worte als Antwort auf die Fragen derer, die leiden. Das Mitgefühl desjenigen, der da ist und nahe ist, der liebt und die Hand hält, kann die fehlenden Worte ersetzen. Es stimmt nicht, dass Schweigen ein Akt der Kapitulation ist – im Gegenteil –, es ist ein Moment der Kraft und der Liebe. Auch das Schweigen gehört zu unserer Trostsprache, denn es verwandelt sich in ein konkretes Werk der Anteilnahme am Leid des Mitmenschen.

Misericordia et misera, 13

In einer Gemeinschaft der Liebe

Es reicht nicht zu wissen, dass Gott geboren ist, wenn man nicht mit Ihm *Weihnachten im Herzen* feiert. Gott ist geboren, ja, aber ist er in deinem Herzen geboren?

Ist er in meinem Herzen geboren? Ist er in unserem Herzen geboren? So werden wir ihn finden wie die Sterndeuter, mit Maria und Josef, im Stall.

Die Sterndeuter haben es getan: Als sie das Kind gefunden hatten, »fielen sie nieder und huldigten ihm« (V. 11). Sie sahen es nicht einfach nur an, sie sprachen nicht einfach ein passendes Gebet und gingen weg, nein, sie huldigten ihm: Sie traten mit Jesus in eine persönliche Gemeinschaft der Liebe.

Angelus, 6. Januar 2017

Wir sind Salz, das Geschmack verleiht

Indem wir das Licht unseres Glaubens weitergeben, erlischt es nicht, sondern es wird heller. Dagegen kann es schwächer werden, wenn wir es nicht mit der Liebe und den guten Taten gegenüber unserem Nächsten nähren …

Die Berufung der Christen in der Gesellschaft ist es, dem Leben durch den Glauben und durch die uns von Christus geschenkte Liebe »Geschmack« zu verleihen und zugleich die schädlichen Keime des Egoismus, des Neids, der üblen Nachrede und viele weitere fernzuhalten …

Ein jeder von uns ist berufen, *Licht und Salz* im eigenen Umfeld des täglichen Lebens zu sein und so festzuhalten an der Aufgabe, die menschliche Wirklichkeit im Geiste des Evangeliums und in der Vorausschau auf das Reich Gottes neu zu schaffen.

Angelus, 5. Februar 2017

Wie das Wasser in der Suppe

Aufnehmen können ist wichtig; es ist noch schöner als jede Zierde und jeder Schmuck. Ich sage das, denn wenn wir jemanden großherzig aufnehmen und mit ihm teilen – etwas zu essen, einen Platz in unserem Haus, unsere Zeit –, dann verarmen wir nicht, sondern wir werden reicher. Ich weiß genau, dass ihr, wenn jemand hungrig an eure Türen klopft, euer Essen immer irgendwie teilt; wie es auch in einem Spruch heißt: – »Man kann immer mehr Wasser zur Suppe gießen!« Man kann mehr Wasser zur Suppe gießen? … Immer? … Ihr tut das mit Liebe und zeigt so, dass wahrer Reichtum nicht in den Dingen zu finden ist, sondern im Herzen!

Ansprache, 25. Juli 2013

Das Gute belohnt uns mehr als Geld

Unterschiede sind kein Hindernis für Harmonie, Freude und Frieden, sie werden vielmehr zu einer Gelegenheit für tieferes gegenseitiges Kennenlernen und Verstehen. Die verschiedenen religiösen Erfahrungen öffnen sich für eine achtungs- und wirkungsvolle Liebe zum Nächsten; jede religiöse Gemeinschaft drückt sich in Liebe und nicht in Gewalt aus, der Güte schämt man sich nicht! Dem, der die Güte in sich wachsen lässt, schenkt sie ein ruhiges Gewissen und innige Freude, auch inmitten von Schwierigkeiten und Unverständnis. Sogar angesichts Beleidigungen ist Güte keine Schwäche, sondern wahre Kraft, die fähig ist, der Vergeltung zu entsagen.

Das Gute zeichnet sich selbst aus und bringt uns Gott, dem höchsten Gut, näher. Es lässt uns denken wie Er, es lässt die Wirklichkeit unseres Lebens im Licht seines Plans der Liebe für einen jeden von uns erscheinen, es lässt uns die kleinen Freuden des Alltags spüren und gibt uns Halt, wenn wir in Schwierigkeiten sind oder auf die Probe gestellt werden. Das Gute belohnt uns so unendlich viel mehr als Geld, das hingegen enttäuscht; denn wir sind geschaffen, um die Liebe Gottes anzunehmen und sie unsererseits weiterzugeben, und nicht, um alles an Geld und Macht zu messen – eine Gefahr, die uns alle umbringt.

Ansprache, 21. September 2014

Die Pfeiler des Glücks

Liebe Freunde, sicherlich ist es notwendig, den Hungrigen Brot zu geben; das ist ein Akt der Gerechtigkeit. Doch es gibt auch einen tiefergehenden Hunger, den Hunger nach Glück, der nur von Gott gestillt werden kann. Hunger nach Würde. Es existiert weder ein wahrer Fortschritt des Gemeinwohls noch eine wahre Entwicklung des Menschen, wenn die Grundpfeiler außer Acht gelassen werden, die eine Nation, ihre immateriellen Güter, tragen: das *Leben*, das ein Geschenk Gottes ist, ein Wert, den es immer zu schützen und zu fördern gilt; die *Familie*, Fundament des Zusammenlebens und Heilmittel gegen den gesellschaftlichen Zerfall; die *allumfassende Erziehung*, die sich nicht auf die bloße Übermittlung von Informationen beschränkt, um Profit zu erzielen; *die Gesundheit*, die das Gesamtwohl des Menschen auch in seiner geistigen Dimension – die Grundlage für das menschliche Gleichgewicht und für ein gesundes Zusammenleben – zum Ziel haben muss; die *Sicherheit*, in der Überzeugung, dass Gewalt nur ausgehend von einem Wandel des menschlichen Herzens überwunden werden kann.

Ansprache, 25. Juli 2013

Vergebung ist kein Almosen

Vergeben kann jeder. Eine Wunde kann heilen, sie kann geheilt werden; die Wunde schließt sich. Doch oft bleibt eine Narbe zurück. Das bedeutet: »Ich kann nicht vergessen, aber ich habe vergeben.« Vergebung – immer. Aber geht nicht zu der betreffenden Person, um ihr zu vergeben, wie wenn man ein Almosen geben würde, nein. Vergebung entsteht im Herzen, und ich fange damit an, dass ich die Person behandle, als wäre nichts geschehen … Dann ein Lächeln, und allmählich kommt die Verzeihung. Man vergibt nicht aus einem Entschluss heraus: Um zu vergeben braucht es einen Weg in unserem Inneren. Das ist nicht leicht …

Begegnung mit Kindern und Jugendlichen, 15. Januar 2017

Unsere Hoffnung braucht einen Körper, der sie stützt

Um sich zu nähren benötigt die Hoffnung notwendigerweise einen Körper, dessen Glieder sich gegenseitig stützen und beleben. Das bedeutet, dass wir hoffen, weil viele unserer Brüder und Schwestern uns gelehrt haben, zu hoffen, und unsere Hoffnung aufrechterhalten haben. Hier heben sich *die Kleinen, die Armen, die Einfachen, die Ausgeschlossenen* besonders ab. Ja, denn wer sich im eigenen Wohlstand abschottet, kennt keine Hoffnung: Er hofft allein auf seinen Wohlstand, und das ist keine Hoffnung, das ist relative Sicherheit. Hoffnung kennt nicht, wer sich in der eigenen Befriedigung abschottet, wer sich immer in Ordnung fühlt … Hoffen tun dagegen diejenigen, die jeden Tag auf die Probe gestellt werden, die Unsicherheit und die eigene Grenze jeden Tag zu spüren bekommen. Diese unsere Mitmenschen sind es, die uns das schönste und stärkste Zeugnis geben, weil sie immer fest bleiben im Vertrauen auf den Herrn, im Wissen, dass über die Traurigkeit, Unterdrückung und Unausweichlichkeit des Todes hinaus, das letzte Wort Ihm gehören wird, ein Wort der Barmherzigkeit, des Lebens und des Friedens. Wer hofft, der hofft darauf, dass er eines Tages dieses Wort hört: »Komm, komm zu mir, Bruder; komm, komm zu mir, Schwester, für alle Ewigkeit.«

Generalaudienz, 8. Februar 2017

Für ein erfülltes Leben: Anspornen anstatt nur bestrafen

Ich weiß noch, dass es einmal an einer Schule einen Schüler gab, der ein Fußball-Ass war und sich aber sonst im Unterricht katastrophal benahm. Eine Regel, die man ihm gegeben hatte, war, dass er bei schlechtem Betragen vom Fußballtraining, das ihm doch so gut gefiel, ausgeschlossen würde! Da er sich auch weiterhin nicht gut benahm, durfte er zwei Monate lang nicht mehr Fußball spielen, was alles noch schlimmer machte. Achtung beim Bestrafen: Dieser Junge wurde immer problematischer. Das ist wirklich wahr, ich habe ihn selbst kennengelernt. Schließlich sprach der Trainer mit der Schulleiterin und sagte: »Das funktioniert nicht! Lass es mich einmal versuchen.« Er bat sie, den Jungen wieder spielen zu lassen. »Versuchen wir es«, sagte die Dame. Und der Trainer ernannte ihn zum Mannschaftskapitän. So fühlte sich das Kind, dieser Junge, geachtet, er begriff, dass er sein Bestes geben konnte, und fing nicht nur an, sich besser zu benehmen, sondern auch seine gesamten Leistungen zu steigern. Das scheint mir in der Erziehung sehr wichtig. Sehr wichtig. Unter unseren Schülern gibt es manche, denen der Sport mehr liegt als die Naturwissenschaften, und andere wiederum sind besser in Kunst als in Mathematik, wieder andere eher in Philosophie als in Sport. Ein guter Lehrer, Erzieher oder Trainer weiß die guten Eigenschaften seiner Schüler anzuspornen und die übrigen dabei nicht zu vernachlässigen.

Ansprache, 25. März 2017

Selig sei auch deine Gemeinschaft

Selig die christlichen Gemeinschaften, die die reine Einfachheit des Evangeliums leben! Arm an Besitz, sind sie reich an Gott. Selig die Hirten, die sich nicht auf die Stufe der Logik des weltlichen Erfolgs stellen, sondern dem Gesetz der Liebe folgen: Aufnehmen, Zuhören, Dienen. Selig die Kirche, die sich nicht auf die Kriterien des Funktionalismus und der organisatorischen Effizienz einlässt und die sich nichts aus Imagepflege macht.

Homilie, 1. Oktober 2016

Führe ein Leben als versöhnter Mensch

Ein versöhnter Mensch sieht in Gott den Vater aller und strebt deshalb nach einem Leben in Brüderlichkeit, das allen offensteht. In Christus wird der andere aufgenommen und geliebt wie ein Sohn oder eine Tochter Gottes, wie ein Bruder oder eine Schwester und wird nicht als Fremder, ebenso wenig als Gegenspieler oder gar als Feind betrachtet. In der Familie Gottes, wo alle Kinder des einen Vaters und – eins in Christus – *Söhne im Sohn* sind, gibt es keine »zu entsorgenden Leben«. Alle genießen dieselbe unantastbare Würde.

Botschaft zum Weltfriedenstag, 2014

DIE FAMILIE, FÜLLE DES LEBENS

»Ich habe das Bedürfnis, mit den Familien im Herrn innezuhalten und meiner Familie zu gedenken: meines Vaters, meiner Mutter, meines Großvaters, meiner Großmutter…«

16. Januar 2015

Die Unruhe eines einsamen Menschen

Im Zuge seiner Überlegungen zur Ehe verweist uns Jesus auf einen Ausschnitt aus dem Buch Genesis, das zweite Kapitel, in dem ein wunderschönes Bild von den Merkmalen eines Paares in leuchtenden Einzelheiten erscheint. Wir betrachten nur zwei davon. Das erste ist die Unruhe des Mannes, der auf der Suche ist nach »einer Hilfe, die ihm entspricht« (vgl. V. 18.20), die jene ihn verstörende Einsamkeit aufheben kann, die durch die Nähe der Tiere und der ganzen Schöpfung nicht gestillt wird. Der original hebräische Ausdruck verweist auf eine direkte, beinahe »frontale« Beziehung – Auge in Auge –, auf einen Dialog auch ohne Worte, denn in der Liebe ist Schweigen oft eloquenter, als Worte es sind. Es ist die Begegnung mit einem Antlitz, einem »Du«, das die göttliche Liebe widerspiegelt und »der beste Gewinn« ist, »eine Hilfe, die ihm entspricht und eine stützende Säule« (*Sir* 36,26), wie ein weiser biblischer Autor sagt. Oder auch wie die Braut im Hohelied der Liebe in einem wundervollen Bekenntnis der Liebe und der gegenseitigen Hingabe ausruft: »Der Geliebte ist mein, und ich bin sein [...]. Meinem Geliebten gehöre ich, und mir gehört der Geliebte« (2,16; 6,3).

Aus dieser Begegnung, durch die die Einsamkeit gestillt wird, gehen Zeugung und Familie hervor.

Amoris laetitia, 12

Hat deine Familie noch Träume?

Der Traum in einer Familie gefällt mir sehr. Alle Mütter und alle Väter haben neun Monate lang von ihrem Kind geträumt. Das stimmt doch, oder etwa nicht? Träumen, wie dieses Kind wohl sein wird... Eine Familie ist ohne Träumen nicht möglich. Wenn die Familie die Fähigkeit zu träumen verliert, wachsen die Kinder nicht und auch die Liebe wächst nicht, das Leben schwindet und erlischt. Daher lege ich euch ans Herz, dass ihr am Abend, wenn ihr in euch geht, euch auch diese Frage stellt: Habe ich heute von der Zukunft meiner Kinder geträumt? Habe ich heute von der Liebe meines Mannes, meiner Frau geträumt? Habe ich heute von meinen Eltern, von meinen Großeltern geträumt, die die Geschichte bis zu mir weitergeschrieben haben? Es ist so wichtig zu träumen. Vor allem, in einer Familie zu träumen. Verliert nie diese Fähigkeit zu träumen!

Ansprache, 16. Januar 2015

Die menschliche Vollkommenheit »in einem Fleisch«

Adam, der auch der Mann aller Zeiten und aller Regionen unseres Planeten ist, gründet gemeinsam mit seiner Frau eine neue Familie, wie Jesus durch ein Zitat aus dem Buch Genesis erneut unterstreicht: »Darum wird der Mann [...] sich an seine Frau binden, und die zwei werden ein Fleisch sein« (*Mt* 19,5; vgl. *Gen* 2,24). Das Verb »sich binden« bezeichnet im hebräischen Original eine enge Harmonie, ein körperliches wie innerliches Sich-Anhängen, das schließlich sogar gebraucht wird, um die Verbindung mit Gott zu beschreiben: »Meine Seele hängt an dir« (*Psalm* 63,9), singt der Betende. So wird die eheliche Vereinigung nicht nur in ihrer geschlechtlichen und körperlichen Dimension in Erinnerung gerufen, sondern auch in ihrer freiwilligen, liebenden Hingabe. Die Folge dieser Vereinigung ist, »ein Fleisch zu werden«, sowohl in der körperlichen Umarmung als auch in der Vereinigung der beiden Herzen und der Leben, und vielleicht in dem Kind, das aus beiden geboren wird und das beider »Fleisch« genetisch wie geistig in sich vereinen und tragen wird.

Amoris laetitia, 13

Lass die Liebe »Normalität« werden

Jede christliche Familie kann – wie es auch Maria und Josef getan haben – vor allem Jesus annehmen, Ihn anhören, mit Ihm sprechen, Ihn behüten, Ihn schützen, mit Ihm wachsen und so eine bessere Welt schaffen. Machen wir Platz für den Herrn, in unserem Herzen und in unseren Tagen. Dasselbe taten auch Maria und Josef, und es war nicht leicht: Wie viele Schwierigkeiten sie überwinden mussten! Sie waren keine Scheinfamilie, sie waren keine unechte Familie. Die Familie von Nazareth fordert uns auf, die Berufung und die Mission der Familie, einer jeden Familie, wiederzuentdecken. Und, wie es in jenen 30 Jahren in Nazareth geschah, so kann es auch uns geschehen: Liebe und nicht

Hass wachsen zu lassen, gegenseitige Hilfe und nicht Gleichgültigkeit oder Feindseligkeit üblich werden zu lassen.

Generalaudienz, 17. Dezember 2014

Reduziere die Sorge um den anderen nicht auf eine Dienstleistung

Die Entscheidungsfreiheit lässt die Planung des eigenen Lebens und die Entfaltung unserer Stärken zu, doch ohne edle Ziele und persönliche Disziplin wandelt sich diese Freiheit zur Unfähigkeit, sich selbst großherzig hinzugeben. In der Tat wächst in vielen Ländern, in denen die Zahl der Eheschließungen sinkt, die Anzahl derer, die sich für ein Leben allein entscheiden, oder derer, die ihr Leben teilen, ohne zusammenzuwohnen. Wir können einen noch so lobenswerten Gerechtigkeitssinn hervorbringen; wenn er jedoch falsch verstanden wird, verwandelt er die Bürger in Kunden, die nur die Erfüllung von Dienstleistungen fordern.

Amoris laetitia, 33

Kommt zu mir, ihr Familien, und ich werde euch Ruhe verschaffen

Liebe Familien, der Herr kennt unsere Mühen, er kennt sie! Und er kennt die Lasten unseres Lebens. Doch der Herr kennt auch unseren sehnlichen Wunsch, die

Freude der Ruhe zu finden! Wisst ihr noch? Jesus hat gesagt: »Eure Freude soll vollkommen sein« (*Joh* 15,11). Jesus will, dass unsere Freude vollkommen ist! Das hat er den Aposteln gesagt und sagt es uns heute wieder. Das also ist das Erste, was ich heute Abend mit euch teilen möchte, und es ist ein Wort Jesu: Kommt zu mir, Familien aller Welt – sagt Jesus –, und ich will euch Ruhe verschaffen, damit eure Freude vollkommen sei. Und dieses Wort Jesu nehmt mit nach Hause, tragt es im Herzen, teilt es in der Familie. Er lädt uns ein, zu Ihm zu gehen, um uns, um allen Freude zu schenken.

Ansprache, 26. Oktober 2013

Entdecke die Freude der Umarmung neu

In der Familie ist es vor allem die Fähigkeit, einander zu umarmen, sich zu unterstützen, zu begleiten, Blicke und Schweigen zu deuten, miteinander zu lachen und zu weinen – alles zwischen Personen, die sich einander nicht ausgesucht haben und dennoch so wichtig füreinander sind –, die uns begreifen lässt, was Kommunikation als *Entdeckung und Aufbau von Nähe* wirklich ist. Die Distanzen zu verringern, indem man einander entgegenkommt und annimmt, ist Grund zur Dankbarkeit und Freude: aus dem Gruße Marias und dem Hüpfen des Kindes entspringt Elisabeths Segensspruch, auf den das *Magnificat* folgt, der wunderschöne Lobgesang, in dem Maria den Plan der Liebe Gottes für sie und ihr Volk lobpreist. Ein im Glauben ausgesprochenes »Ja« löst Konsequenzen aus, die weit über uns selbst hinausgehen und sich in der Welt ausbreiten.

Botschaft, 23. Januar 2013

Wenn die Familie gemeinsam betet, dann bleibt sie zusammen

Ruhen im Gebet ist für Familien außerordentlich wichtig. Wir lernen zuallererst in der Familie, wie man betet. Vergesst nicht: Wenn die Familie zusammen betet, bleibt sie zusammen. Das ist wichtig. Genau dort lernen wir Gott kennen, wachsen zu gläubigen Männern und Frauen heran und fühlen uns als Teil der größten Familie Gottes, der Kirche. In der Familie lernen wir zu lieben, zu vergeben, großherzig und offen und nicht verschlossen und selbstsüchtig zu sein. Wir lernen, über unsere Bedürfnisse hinauszugehen, anderen zu begegnen und unser Leben mit ihnen zu teilen. Das ist der Grund, weshalb es so wichtig ist, in der Familie zu beten! So wichtig! Das ist der Grund, weshalb die Familien so wichtig sind in Gottes Plan für die Kirche! Ruhen im Herrn heißt beten. Gemeinsam beten in der Familie.

Ansprache, 16. Januar 2015

Die vollkommene Familie gibt es nicht: Lass sie zu einer Schule der Vergebung werden

Vor allem die Familie ist der Ort, an dem man, im alltäglichen Zusammenleben, an die eigenen *Grenzen* und auch an die der anderen stößt, die kleinen und großen Probleme des Zusammenseins, des Miteinander-Auskommens zu spüren bekommt. Die vollkommene Familie gibt es nicht, aber man darf keine Angst vor Unvollkommenheit, Schwäche, und auch nicht vor Konflikten haben; man muss lernen, konstruktiv an sie heranzugehen. Daher wird die Familie, in der man einander – mit den jeweiligen Grenzen und Fehlern – gern hat, zu einer *Schule der Vergebung*.

Botschaft, 23. Januar 2015

Sagt jungen Eheleuten, dass ihre Liebe schön ist!

In der Liebe und in der Ehe sowie in der Familie wird klar die Berufung des Menschen offenbart, auf einmalige Weise und für immer zu lieben, sowie die Tatsache, dass Prüfungen, Opfer und Ehe- oder Familienkrisen dazu führen, im Guten, in der Wahrheit und Schönheit zu wachsen. In der Ehe gibt man sich vollkommen hin, ohne Berechnung und uneingeschränkt, indem man im Vertrauen auf die Vorsehung Gottes alles teilt, Gaben und Verzicht. Diese Erfahrung ist es, die die jungen Menschen von ihren Eltern oder Großeltern lernen können. Es ist eine Erfahrung des Glaubens an Gott, des gegenseitigen Vertrauens, der tief greifenden Freiheit, der Heiligkeit, denn Heiligkeit meint, sich treu hinzugeben und Opfer zu bringen an einem jeden Tag des Lebens! Doch da sind noch die Eheprobleme. Ständige Meinungsverschiedenheiten, Eifersucht, Streit. Man muss jedoch den jungen Eheleuten sagen, dass sie niemals einen Tag beenden sollen, ohne nicht vorher Frieden geschlossen zu haben. Das Sakrament der Ehe wird in diesem Friedensakt auf eine Diskussion hin, auf ein Missverständnis, eine versteckte Eifersucht oder auch eine Sünde hin, erneuert. Frieden zu schließen, der den Familien Einheit schenkt; und es den jungen Leuten, den jungen Paaren sagen; sagen, dass es nicht leicht ist, diesen Weg zu gehen, aber dass dieser Weg so schön ist, so schön. Das muss man ihnen sagen!

Ansprache, 25. Oktober 2013

Mache das Evangelium nicht zu einem toten Stein, den man auf die Armen werfen kann

Ich möchte ganz besonders auf die Lebensumstände von Familien hinweisen, die vom Elend erdrückt werden und in vielerlei Hinsicht gestraft sind, wo die

Grenzen des Lebens auf schmerzliche Art und Weise erlebt werden. Die Schwierigkeiten, auf die wir alle stoßen, sind in armen Haushalten noch stärker.

Wenn beispielsweise eine Frau ihr Kind allein großziehen muss, weil sie getrennt lebt, oder auch wegen anderen Umständen, und sie aber arbeiten muss und nicht die Möglichkeit hat, das Kind von anderen beaufsichtigen zu lassen, dann wächst dieses Kind in einer Verlassenheit auf, durch die es allen möglichen Risiken ausgesetzt ist, und seine persönliche Reifung ist gefährdet. In der schwierigen Lage bedürftiger Menschen muss die Kirche ganz besonders Sorge tragen, um zu verstehen, zu trösten, zu integrieren, und dabei vermeiden, ihnen eine Reihe von felsenfesten Vorschriften zu machen. Denn dies bewirkt, dass sich diese Menschen verurteilt und genau von der Mutter verlassen fühlen, die berufen ist, ihnen die Barmherzigkeit Gottes nahezubringen. Anstatt ihnen die heilende Kraft der Gnade und des Lichts des Evangeliums zu bieten, wollen einige das Evangelium »indoktrinieren«, es »zu toten Steinen machen, mit denen man andere bewerfen kann«.

Amoris laetitia, 49

Eine Familie, die zum Guten erzieht, ist ein Segen für die Welt

Wenn Familien Kinder auf die Welt bringen, sie zum Glauben und im Sinne gesunder Werte erziehen und sie lehren, zum Guten in der Gesellschaft beizutragen, werden sie zum Segen für die Welt. Familien können der Welt zum Segen werden! Die Liebe Gottes wird gegenwärtig und lebendig durch die Art und Weise, auf die wir lieben, und durch die guten Werke, die wir vollbringen. So breiten wir das Königreich Christi über die Welt aus. Indem wir das tun, erweisen wir uns als treu gegenüber der prophetischen Mission, die wir in der Taufe erhalten haben.

Ansprache, 16. Januar 2015

Die Wichtigkeit, vereint voranzugehen

Hin und wieder denke ich an die Ehen, die nach vielen Jahren auseinandergehen. »Tja … nein, wir verstehen uns nicht richtig, wir haben uns auseinandergelebt.« Vielleicht haben sie es nicht geschafft, rechtzeitig um Verzeihung zu bitten. Vielleicht haben sie es nicht geschafft, rechtzeitig zu vergeben. Und immer gebe ich frisch Vermählten diesen Rat: »Streitet euch, soviel ihr wollt. Wenn Teller zu Bruch gehen, lasst sie zu Bruch gehen. Doch lasst niemals den Tag zu Ende gehen, ohne Frieden geschlossen zu haben! Niemals!« Und wenn man in der Ehe lernt zu sagen: »Entschuldige, ich war müde«, oder einfach nur eine winzige Geste zeigt, dann ist das Frieden. Und am nächsten Tag macht man mit dem Leben weiter. Das ist ein schönes Geheimnis, und so werden diese schmerzlichen Trennungen vermieden. Wie wichtig es ist, gemeinsam zu gehen, ohne unbedacht vorauszuhasten, ohne wehmütig in die Vergangenheit zu schauen. Während man geht, redet man, man lernt einander kennen, man erzählt einander von sich, man wächst in der Familie. Stellen wir uns an dieser Stelle die Frage: Wie gehen wir voran?

Ansprache, 3. Oktober 2015

Wie schön ist der Reichtum in einer Beziehung zwischen Mann und Frau!

Die schönste Familie, Protagonistin und nicht etwa Problem, ist diejenige, die – vom eigenen *Zeugnis* ausgehend – die Schönheit und den Reichtum der Beziehung zwischen Mann und Frau und der zwischen Eltern und Kindern zu *kommunizieren* versteht. Wir kämpfen nicht, um die Vergangenheit zu verteidigen, sondern arbeiten mit Geduld und Zuversicht an allen Orten, an denen wir täglich zugegen sind, um die Zukunft aufzubauen.

Botschaft, 23. Januar 2015

»Platz schaffen in der Welt für Jesus Christus«, das ist die Berufung deiner Familie

»Nazareth« bedeutet: »die bewahrt«, wie Maria, von der es im Evangelium heißt: Sie »bewahrte alles, was geschehen war, in ihrem Herzen« (vgl. *Lk* 2,19.51). Seither ist jedes Mal, wenn eine Familie – sei sie auch am Rande der Welt – dieses Geheimnis bewahrt, das Geheimnis von Gottes Sohn am Werk, das Geheimnis Jesu, der kommt, um uns zu retten. Und er kommt, um die Welt zu retten. Und dies ist die große Berufung der Familie: Platz zu schaffen für Jesus, der kommt, Jesus anzunehmen in der Familie, in den Kindern, im Ehemann, in der Ehefrau, in den Großeltern … Jesus ist da. Ihn da anzunehmen, damit er im Geiste dieser Familie wachse.

Generalaudienz, 17. Dezember 2014

Dein Schoß, deine Bindung, deine Sprache

Auch nachdem wir auf die Welt gekommen sind, bleiben wir in gewissem Sinne in einem »Schoß«, dem Schoß der Familie. *Ein Schoß aus unterschiedlichen Personen, die zueinander in Beziehung stehen:* Die Familie ist der Ort, wo man lernt, in der Verschiedenheit zusammenzuleben. Unterschiedliche Geschlechter und Generationen, die in erster Linie deshalb kommunizieren, weil sie sich gegenseitig annehmen, denn zwischen ihnen besteht ein enges Band. Und je breiter gefächert diese Beziehungen sind, umso unterschiedlicher sind die Altersgruppen und umso reicher ist unser Lebensumfeld. Die *Bindung* ist der Ursprung eines *Wortes*, welches selbst wiederum die Bindung festigt. Worte denken wir uns nicht aus: Wir können sie verwenden, da wir sie empfangen haben. Die Familie ist der Ort, an dem man lernt, in der *Muttersprache* zu sprechen, also in der Sprache unserer Vorfahren (vgl. 2 *Makk* 7,25.27). In der Familie spürt man deutlich, dass andere uns vorausgegangen sind, dass wir durch sie existieren und dass durch sie wiederum auch wir Leben zeugen dürfen und etwas Gutes und Schönes tun können. Wir können geben, weil wir empfangen haben, und genau dieser vollkommene Kreislauf macht die Fähigkeit der Familie aus, sich selbst mitzuteilen und etwas nach außen zu tragen; und das ist generell das Paradigma einer jeden Kommunikation.

Botschaft, 23. Januar 2015

Wenn die Freude der Jungen und der Trost der Alten sich begegnen

In Bezug auf die Muttergottes und den heiligen Josef wiederholt der Evangelist Lukas viermal, dass sie das *tun wollten, was das Gesetz des Herrn vorschreibt* (vgl. *Lk* 2,22.23.24.27). Man merkt deutlich, hat beinahe das Gefühl, dass Jesu Eltern die Gebote Gottes voll Freude beachten, ja, dass sie voll Freude dem Gesetz des Herrn nachfolgen! Sie sind frisch vermählt, haben gerade ihr Kind bekommen und sind ganz beseelt von dem Wunsch, das Vorgeschriebene zu erfüllen. Das ist nicht nur äußerer Schein, nicht, um sich in Ordnung zu fühlen, nein! Es ist ein starker, inniger Wunsch voller Freude. Es ist so, wie es im Psalm gesagt wird: »Nach deinen Vorschriften zu leben freut mich … deine Weisung macht mich froh« (119,14.77).

Und was sagt der heilige Lukas über die Älteren? Er unterstreicht mehr als einmal, dass sie vom Heiligen Geist geführt wurden. Über Simeon sagt er, dass er ein gerechter und frommer Mann war, der die Rettung Israels erwartete und dass »der Heilige Geist auf ihm ruhte« (2,25); er sagt, dass »ihm vom Heiligen Geist offenbart worden war«, dass er vor seinem Tod Christus, den Messias, sehen würde (V. 26); schließlich begab er sich »vom Geist […] geführt« (V. 27) in den Tempel. Über Hanna sagt er dann, dass sie eine »Prophetin« (V. 36), also von Gott inspiriert, war; und dass sie sich ständig im Tempel aufhielt und »Gott diente mit Fasten und Beten« (V. 37). Diese beiden Älteren sind also voller Leben! Sie sind voller Leben, da sie beseelt sind vom Heiligen Geist, folgsam gegenüber seinem Wirken, empfindsam gegenüber seinen Weisungen …

Und dann die Begegnung zwischen der Heiligen Familie und diesen beiden Vertretern von Gottes heiligem Volk. Im Mittelpunkt steht Jesus. Er ist es, der alles bewegt, der die einen und die anderen zum Tempel, zum Haus seines Vaters, zieht.

Es ist eine Begegnung zwischen den Jungen, die erfüllt sind von der Freude, das Gesetz des Herrn zu befolgen, und den Alten, die erfüllt sind von der Freude über das Wirken des Heiligen Geistes. Es ist eine *einzigartige Begegnung zwischen dem Befolgen der Gesetze und der Prophezeiung*. Die Jungen sind die Befolger und die Alten die Propheten! Denken wir einmal darüber nach: In Wirklichkeit wird das Befolgen des Gesetzes durch denselben Geist beseelt, und die Prophezeiungen bewegen sich auf dem vom Gesetz gezeichneten Weg. Wer ist mehr erfüllt vom Heiligen Geist als Maria? Wer ist folgsamer gegenüber seinem Wirken?

Homilie, 2. Februar 2014

Besuche, öffne Türen, schließe dich nicht ein, spende Trost

»Besuchen« heißt Türen öffnen, sich nicht in die eigene Wohnung einschließen, hinausgehen, auf den anderen zugehen. Auch die Familie ist lebendig, wenn sie atmet, indem sie sich über sich selbst hinaus öffnet; und die Familien, die das tun, können ihre Botschaft des Lebens und der Gemeinschaft weitergeben, sie können noch so verletzten Familien Trost spenden und Hoffnung schenken und zum Wachstum der Kirche selbst, die eine Familie aus Familien ist, beitragen.

Botschaft, 23. Januar 2015

Lass deine Familie zu einer gemeinschaftlichen Erzählung werden

Die Familie ist kein Objekt, über das man verschiedene Meinungen verbreitet, oder ein Gebiet, auf dem ideologische Gefechte ausgetragen werden sollten, sondern eine *Umgebung, in der man lernt*, miteinander *zu kommunizieren*, und ein Subjekt, das kommuniziert – eine »kommunizierende Gemeinschaft«. Eine Gemeinschaft mit der Fähigkeit, zu begleiten, zu feiern und Früchte zu bringen. In diesem Sinne kann die Sichtweise wiederhergestellt werden, die anzuerkennen weiß, dass die Familie weiterhin eine großartige Ressource ist und nicht nur ein Problem oder eine krisenbehaftete Einrichtung. Zuweilen tendieren die *Medien* dazu, die Familie als ein abstraktes Modell darzustellen, das es entweder zu akzeptieren oder abzulehnen, zu verteidigen oder anzugreifen gilt, und nicht als konkrete Wirklichkeit, die gelebt werden muss; oder aber so, als wäre sie eine ideologische Vorstellung von irgendjemandem gegen jemand anderen, anstatt ein Ort, an dem wir alle lernen, was es bedeutet, in der Liebe zu kommunizieren, die wir empfangen und geschenkt bekommen haben. Erzählen bedeutet hingegen begreifen, dass unsere Leben in einer einzigen Geschichte verwoben sind, dass die Stimmen vielfältig sind und dass jede von ihnen unersetzlich ist.

Botschaft, 23. Januar 2015

GELUNGENE EXISTENZEN: MIT FREUDE GELEBTE BERUFUNGEN

»Habt keine Angst davor, eure Freude zu zeigen,
darüber, dass ihr auf den Ruf des Herrn,
auf seine Wahl der Liebe geantwortet habt,
und darüber, Zeugnis über sein Evangelium
abzulegen.«

6. Juli 2013

Eine Nachfolge in Traurigkeit ist eine trostlose Nachfolge

Unter uns soll man keine traurigen Gesichter sehen, keine unzufriedenen und unbefriedigten Menschen, denn eine Nachfolge in Traurigkeit ist eine trostlose Nachfolge.

Wie alle anderen Männer und Frauen erfahren auch wir Schwierigkeiten, schlaflose Nächte, Enttäuschungen, Krankheiten, Schwinden der Kräfte mit zunehmendem Alter. Genau darin sollten wir die »vollkommene Freude« finden, lernen, das Antlitz Christi wiederzuerkennen, der uns in allem ähnlich geworden ist, und die Freude verspüren, uns Ihm ähnlich zu wissen, der aus Liebe zu uns sich nicht geweigert hat, unter dem Kreuz zu leiden.

In einer Gesellschaft, die den Kult der Effizienz und des übertriebenen Gesundheitsbewusstseins und des Erfolgs hervorkehrt, die die Armen ausgrenzt und die »Verlierer« ausschließt, können wir durch unser Leben die Wahrheit der Worte der Heiligen Schrift bezeugen: »Wenn ich schwach bin, dann bin ich stark« (2 *Kor* 12,10).

Apostolisches Schreiben zum Jahr des geweihten Lebens,
21. November 2014

Der Ort, an dem die Freude entsteht

Ein Wort wollte ich euch sagen, und dieses Wort lautet Freude. Immer da, wo Geweihte, Seminaristen, Ordensleute, junge Menschen sind, herrscht Freude, immer herrscht dort Freude! Es ist eine erfrischende Freude, es ist die Freude, Jesus nachzufolgen; die Freude, die uns der Heilige Geist schenkt, nicht die

Freude der Welt. Da herrscht Freude! Doch wo entsteht die Freude? Sie entsteht... Nun, fahre ich am Samstagabend nach Hause und gehe mit meinen alten Freunden tanzen? Entsteht daraus die Freude? Die eines Seminaristen zum Beispiel? Nein? Oder doch?

Begegnung mit den Seminaristen, Novizen und Novizinnen,
6. Juli 2013

Ansteckung und Anziehung

Die Kirche wächst nicht durch Proselytismus, sondern durch Anziehung; durch die Anziehung des Zeugnisses der Freude, die von Jesus Christus verkündet wird. Das Zeugnis, das aus der angenommenen Freude entsteht und sich dann in Verkündigung wandelt. Das ist die grundlegende Freude. Ohne diese Freude, ohne diese Fröhlichkeit, kann keine Kirche gegründet werden! Kann keine christliche Gemeinschaft gegründet werden! Es ist eine apostolische Freude, die ausstrahlt, die sich verbreitet. Ich frage mich wie Petrus: Bin ich fähig, mich neben meinen Mitmenschen zu setzen und das Geschenk des Wortes, das ich empfangen habe, geduldig zu erklären und ihn mit meiner Freude anzustecken? Bin ich fähig, um mich herum die Begeisterung derer hervorzurufen und zu sammeln, die in uns das Wunder eines neuen Lebens entdecken, über das man keine Kontrolle hat, dem wir Folgsamkeit schuldig sind, da es uns anzieht, uns trägt; und entsteht dieses neue Leben aus der Begegnung mit Christus?

Homilie, 24. April 2014

Der Spürsinn des Volkes und der Name des Hundes

Was gibt es Schöneres für uns, als mit unserem Volk voranzugehen? Das ist schön! Wenn ich an die Pfarrer denke, die die Mitglieder der Pfarrgemeinde noch beim Namen kannten, die sie noch zu Hause besucht haben – oder wie einer mir einmal erzählt hat: »Ich weiß von jeder Familie, wie der Hund heißt«; sogar wie der Hund heißt, wussten sie! Wie schön das war! Was gibt es Schöneres? Das sage ich oft: mit unserem Volk vorangehen, manchmal vor ihm, manchmal in dessen Mitte, manchmal hinter ihm: vor ihm, um die Gemeinschaft zu leiten; in dessen Mitte, um sie zu ermutigen und zu stützen; dahinter, damit sie vereint bleibt und damit niemand zu weit zurückbleibt, und auch aus einem weiteren Grund: weil das Volk einen »Spürsinn« hat! Es hat einen Spürsinn für neue Pfade auf unserem Weg, den »sensus fidei«, wie ihn die Theologen nennen. Was gibt es Schöneres?

Ansprache, 4. Oktober 2013

Öffne dein Herz für große Ideale

Keine Berufung entsteht von selbst oder lebt für sich selbst. Die Berufung entspringt im Herzen Gottes und keimt in dem guten Ackerboden des gläubigen Volkes, in der Erfahrung der brüderlichen Liebe. Jesus hat doch gesagt: »Daran werden alle erkennen, dass ihr meine Jünger seid: wenn ihr einander liebt« (*Joh* 13,35) … Die wahre Freude der Berufenen besteht im Glauben und in der Erfahrung, dass Er, der Herr, treu ist; und mit Ihm können wir vorangehen, Jünger und Zeugen der Liebe Gottes sein, unser Herz öffnen für große Ideale, für große Dinge.

Botschaft, 11. Mai 2014

Das Gute ist ansteckend

Der heilige Thomas hat gesagt: »bonum est diffusivum sui – das ist kein allzu schweres Latein! – »das Gute verbreitet sich selbst«. Und auch die Freude verbreitet sich selbst … Die Freude, die wahre Freude, ist ansteckend; sie steckt an … sie lässt uns weitermachen. Wenn man hingegen einen gar zu ernsten, gar zu traurigen Seminaristen oder auch eine solche Novizin vor sich hat, dann denkt man: Irgendetwas stimmt doch hier nicht! Es fehlt die Freude des Herrn, die Freude, die dich dazu bringt, den Dienst zu tun, die Freude des Treffens mit Jesus, die dich dazu bringt, anderen zu begegnen, um Jesus zu verkündigen. Das fehlt! In der Traurigkeit ist keine Heiligkeit, es gibt sie nicht! Die heilige Teresa hat gesagt: »Ein trauriger Heiliger ist ein heiliger Trauriger!« Das ist wenig … Wenn man einem Seminaristen, einem Priester, einer Ordensschwester, einer Novizin mit einem langen, traurigen Gesicht begegnet, sodass man meinen könnte, über deren Leben hätte man eine durchnässte Decke geschmissen, eine von diesen schweren Decken … die einen hinunterziehen … Dann stimmt irgendetwas nicht! Ich bitte euch: Seid niemals Schwestern, niemals Priester mit einem Gesicht wie »saure Gurken«, niemals!

Begegnung, 6. Juli 2013

Das Evangelium zu lesen reicht nicht: Man muss es leben

Die Frage, die wir in diesem Jahr aufgerufen sind uns zu stellen, ist: Lassen auch wir uns vom Evangelium befragen, und wie? Ist es wirklich das »Vademecum« unseres täglichen Lebens und der Entscheidungen, die wir treffen müssen? Das Evangelium ist anspruchsvoll und will radikal und aufrichtig gelebt werden. Es reicht nicht, es zu lesen (auch wenn Lektüre und Studium dennoch von enormer Wichtigkeit sind), es reicht nicht, es zu meditieren (dies tun wir jeden Tag mit Freuden). Jesus fordert von uns, es zu verwirklichen, seine Worte zu leben.

Apostolisches Schreiben zum Jahr des geweihten Lebens,
21. November 2014

Das eigentliche Problem des Zölibats ist mangelnde Fruchtbarkeit

Die Freude, die von Gott kommt. Überlegt einmal: Wenn ein Priester – ich sage Priester, aber auch ein Seminarist – wenn ein Priester, eine Ordensschwester nicht froh sind, traurig sind, dann könntet ihr meinen: »Das ist doch ein psychisches Problem.« Nein, zwar ist es wahr – es kann sein, es kann sein, das ja. Das kann passieren: einige werden krank, die Armen … Das kann sein. Doch es ist nicht generell ein psychisches Problem. Ist es ein Problem der Unzufriedenheit? Aber ja! Was jedoch ist die Hauptursache dieser mangelnden Freude? Es liegt am Zölibat. Ich will es euch erklären. Ihr Seminaristen und Ordensschwestern, ihr weiht eure Liebe Jesus, eine große Liebe; euer Herz gehört Jesus, und das bringt uns dazu, das Keuschheitsgelübde, das Gelübde des Zölibats, abzulegen. Doch das Keuschheitsgelübde und Gelübde des Zölibats endet nicht etwa zu dem Zeitpunkt, an dem es abgelegt wird, sondern es dauert fort.

Es ist ein Weg, der euch reifen, reifen, reifen lässt,

bis hin zur pastoralen Vaterschaft, zur pastoralen Mutterschaft, und wenn ein Priester nicht der Vater seiner Gemeinde ist, wenn eine Ordensschwester nicht die Mutter aller ist, mit denen sie zusammenarbeitet, dann wird er oder sie betrübt. Das ist das Problem. Deshalb sage ich euch: Die Hauptursache für die Traurigkeit des Lebens im Dienste der Kirche ist genau dieses Fehlen der Vater- und Mutterschaft, das daher rührt, dass man diese Weihe schlecht lebt, die uns aber fruchtbar machen soll. Ein nicht fruchtbarer Priester oder eine nicht fruchtbare Ordensschwester sind undenkbar: Das ist nicht katholisch! Das ist nicht katholisch! Denn das Schöne der Weihe ist die Freude, die Freude …

Begegnung, 6. Juli 2013

Das Geschenk eines wahren Priesters

Die Freude des Priesters ist ein kostbares Gut, nicht nur für ihn, sondern auch für das ganze Gott ergebene Volk: dieses gläubige Volk, aus dessen Mitte der Priester berufen wird, um gesalbt zu werden und das zu salben er gesandt ist.

Gesalbt mit dem Öl der Freude, um mit dem Öl der Freude zu salben. Die priesterliche Freude hat ihren Ursprung in der Liebe des Vaters, und der Herr wünscht, dass die Freude dieser Liebe »in uns sei« und

»vollkommen sei« (*Joh* 15,11)… Der Priester ist der Ärmste unter den Menschen, wenn Jesus ihn nicht durch seine Armut reich macht, er ist der nutzloseste Knecht, wenn Jesus ihn nicht einen Freund nennt, er ist der Dümmste unter den Menschen, wenn nicht Jesus ihn geduldig lehrt wie Petrus, er ist der Schutzloseste der Christen, wenn der Gute Hirte ihn nicht inmitten der Herde stärkt. Niemand ist weniger als ein Priester, der allein mit seiner Kraft zurückgelassen wird; daher ist unser Gebet zum Schutz gegen jeglichen Hinterhalt des Bösen das Gebet unserer Mutter: Ich bin Priester, denn Er hat gütig auf meine Niedrigkeit geschaut (vgl. *Lk* 1,48). Und ausgehend von dieser Niedrigkeit empfangen wir unsere Freude. Freude in unserer Niedrigkeit!

Homilie, 17. April 2014

Der Sinn des Priesterseins liegt außerhalb seiner selbst

Viele sprechen von der Identitätskrise der Priester und vergessen dabei, dass Identität Zugehörigkeit voraussetzt. Der Priester, der meint, die priesterliche Identität zu finden, indem er in seinem tiefsten Inneren forscht, wird möglicherweise nichts als Zeichen finden, die »nach draußen« verweisen: Trete aus dir selbst heraus, begebe dich auf der Suche nach Gott hinaus in die Anbetung, geh hinaus und gib deinem Volk das, was dir anvertraut ist, und dein Volk wird dafür Sorge tragen, dich spüren und erfahren zu lassen, wer du bist, wie du heißt, welche deine Identität ist, und es wird dich hundertfach jubeln lassen, wie es der Herr seinen Dienern versprochen hat. Wenn du nicht aus dir selbst heraustrittst, wird das Öl ranzig und die Salbung kann nicht fruchtbar sein. Aus sich heraustreten heißt, sich von sich selbst zu entblößen, es bedeutet auch Armut.

Homilie, 17. April 2014

Lebe die Gegenwart mit Leidenschaft

Die Gegenwart mit Leidenschaft zu leben, bedeutet »Experten der Gemeinschaft« zu werden, Zeugen und Gestalter Gottes »Plans der Gemeinschaft«, der den Höhepunkt in der Geschichte des Menschen darstellt. In einer Gesellschaft des Zwists, des schwierigen Zusammenlebens unterschiedlicher Kulturen, der Unterdrückung der Schwächsten, der Ungleichheiten, sind wir aufgerufen ein konkretes Vorbild für eine Gemeinschaft abzugeben, das durch die Anerkennung der Würde eines jeden Menschen und des gemeinsamen Geschenks, das jeder in sich trägt, ein Zusammenleben in brüderlicher Beziehung zulässt.

Seid daher Frauen und Männer der Gemeinschaft, seid mit Mut dort zugegen, wo Ungleichheit und

Spannungen herrschen, und seid glaubhaftes Zeichen der Gegenwart des Heiligen Geistes, der unseren Herzen die Leidenschaft einflößt, damit alle Eins seien.

Apostolisches Schreiben zum Jahr des geweihten Lebens, 21. November 2014

Entflammt vom Feuer der Leidenschaft für das Reich

Die Menschheit hat das große Bedürfnis, aus der Erlösung durch Christus zu schöpfen. Die Jünger sind diejenigen, die sich von der Liebe Jesu immer mehr ergreifen und vom Feuer der Leidenschaft für das Reich Gottes entflammen lassen, um zu Überbringern der Freude des Evangeliums zu werden. Alle Jünger des Herrn sind berufen, die Freude der Evangelisierung zu vermehren.

Die Bischöfe haben als Erstverantwortliche der Verkündigung die Aufgabe, die Einheit ihrer Ortskirche durch das Engagement für die Mission zu stärken. Dabei sollen sie berücksichtigen, dass die Freude, Jesus Christus bekannt zu machen, ebenso durch die Sorge um die Verkündigung an den entferntesten Orten zum Ausdruck kommt, wie auch dadurch, dass sie regelmäßig hinausgehen in die Randgebiete, wo besonders viele arme Menschen warten.

Botschaft, 8. Juni 2014

Stimme den Gesang der Hoffnung an

Begleiten wir Jesus, wenn er seinem Volk begegnet, wenn er inmitten seines Volkes steht, nicht in Klage oder mit der Angst dessen, der verlernt hat, prophetisch zu reden, weil er die Träume seiner Vorfahren nicht auf sich geladen hat, sondern mit Lob und in Gelassenheit; nicht in der Hektik, sondern in der Geduld dessen, der auf den Geist vertraut, den Herrn der Träume und der Prophetie. Und so teilen wir mit den anderen, was uns gehört: den Gesang, der aus der Hoffnung geboren wird.

Homilie, 2. Februar 2017

Wo Ordensleute sind, da herrscht Freude

Was ich einmal gesagt habe, soll immer gelten: »Wo Ordensleute sind, da herrscht Freude.« Wir sind berufen zu erfahren und zu zeigen, dass Gott fähig ist, unsere Herzen zu erfüllen und uns glücklich zu machen, ohne dass wir unser Glück anderswo suchen müssen; dass die echte Brüderlichkeit, die in unseren Gemeinschaften gelebt wird, unsere Freude nährt; dass unsere vollkommene Hingabe im Dienst der Kirche, der Familien, der Jungen, der Alten, der Armen uns als Menschen verwirklicht und unser Leben vollkommen macht.

Apostolisches Schreiben zum Jahr des geweihten Lebens,
21. November 2014

Jesu Freude sind unsere Namen, die im Himmel verzeichnet sind

Der Evangelist berichtet, dass der Herr die zweiundsiebzig Jünger zu zweit in die Städte und Ortschaften entsandte, um das Herannahen des Reiches Gottes zu verkünden und die Menschen auf die Begegnung mit Jesus vorzubereiten. Nachdem sie diesen Verkündigungsauftrag erfüllt hatten, kehrten die Jünger voll Freude zurück: Die Freude ist ein dominantes Thema dieser unvergesslichen ersten Missionserfahrung. Der göttliche Meister sagte zu ihnen: »Freut euch nicht darüber, dass euch die Geister gehorchen, sondern freut euch darüber, dass eure Namen im Himmel verzeichnet sind.« In dieser Stunde rief Jesus, vom Heiligen Geist erfüllt, voll Freude aus: »Ich preise dich, Vater.« [...] Und den Jüngern zugewandt sagte er zu ihnen allen: »Selig sind die, deren Augen sehen, was ihr seht« (*Lk* 10,20-21.23). Dabei hat Lukas drei Szenen gezeigt. Zuerst sprach Jesus zu den Jüngern. Dann wandte er sich an den Vater, und danach sprach er erneut zu ihnen. Jesus wollte seine Freude mit den Jüngern teilen, eine Freude, die anders war und jene übertraf, die sie selbst verspürt hatten. Die Jünger waren *voll Freude*, begeistert von der Vollmacht, die Menschen von den Dämonen zu befreien. Doch Jesus warnte sie davor, sich nicht so sehr über die empfangene Vollmacht zu freuen, als vielmehr über die Liebe, die sie empfangen hatten: »Freut euch darüber, dass eure Namen im Himmel verzeichnet sind« (*Lk* 10,20). In der Tat war ihnen die Erfahrung der Liebe Gottes geschenkt worden und auch die Möglichkeit, diese weiterzugeben. Und diese Erfahrung der Jünger ist für Jesus Anlass zu freudiger Dankbarkeit im Herzen. Lukas hat diesen Jubel in der Sicht der trinitarischen Gemeinschaft erfasst: Jesus jubelte, »vom Heiligen Geist erfüllt, voll Freude«, und wandte sich an den Vater, um ihn zu preisen. Dieser Moment inniger Freude entspringt der tiefen Liebe Jesu als Sohn zu seinem Vater, dem Herrn des Himmels und der Erde, der all das den Weisen und Klugen verborgen, den Unmündigen aber offenbart hat (vgl. *Lk* 10,21). Gott hat verborgen und offenbart, und in diesem Lobgebet tritt vor allem das Offenbaren hervor. Was hat Gott offenbart und verborgen? Die Geheimnisse seines Reiches, die Errichtung der göttlichen Herrschaft in Jesus und den Sieg über den Satan.

Botschaft, 8. Juni 2014

Die »Städte auf dem Berg«

Klöster, Gemeinschaften, spirituelle Zentren, religiöse Dorfgemeinschaften, Schulen, Krankenhäuser, Häuser zur Aufnahme von Familien und all jene Orte, die dank Nächstenliebe und charismatischer Kreativität entstanden sind und auch künftig durch weitere Kreativität entstehen, müssen immer mehr zum Sauerteig für eine am Evangelium orientierte Gesellschaft werden, zur »Stadt auf dem Berg«, welche die Wahrheit und die Kraft der Worte Jesu ausdrückt.

Apostolisches Schreiben zum Tag des geweihten Lebens,
21. November 2014

Gottes Ruf ist immer für unsere eigene Erlösung und die der Mitmenschen

Den Ruf des Herrn hören und annehmen ist nicht etwa eine private, intimistische Angelegenheit, die mit einer Gemütsbewegung des Augenblicks verwechselt werden könnte; es ist ein konkretes, reales und totales Engagement, das unsere ganze Existenz einbezieht und sie in den Dienst am Aufbau des Gottesreiches auf Erden stellt. Darum drängt die christliche Berufung, die in der Betrachtung des Herzens des himmlischen Vaters verwurzelt ist, zugleich zum solidarischen Einsatz für die Erlösung der Mitmenschen, vor allem der ärmsten. Der Jünger Jesu hat ein offenes Herz für den unbegrenzten Horizont seines Herrn, und seine innige Verbundenheit mit Ihm ist nie eine Flucht aus dem Leben und aus der Welt – im Gegenteil – sie gestaltet sich grundlegend als missionarische Gemeinschaft.

Botschaft, 29. März 2015

Wo keine Begeisterung herrscht, da gibt es keine Berufung

In vielen Regionen mangelt es an Berufungen zum Priesteramt und zum geweihten Leben. Oft ist dies darauf zurückzuführen, dass es den Gemeinden an einem ansteckenden apostolischen Eifer fehlt, daher wenig Begeisterung aufkommt und sie nicht attraktiv erscheinen. Die Freude des Evangeliums rührt aus der Begegnung mit Christus her und aus dem Teilen mit den Armen. Deshalb ermutige ich alle Pfarrgemeinden, Vereine und Gruppen zu einem intensiven brüderlichen Leben, das auf der Liebe zu Jesus gründet und auf die Bedürfnisse der am meisten Notleidenden Rücksicht nimmt. Wo die Freude, der Eifer und der Wunsch bestehen, Christus zu den anderen zu bringen, wachsen auch echte Berufungen. Unter diesen darf die Berufung der Laien zur Mission nicht unerwähnt bleiben. Mittlerweile ist das Bewusstsein von der Identität und der Sendung der gläubigen Laien in der Kirche gewachsen, wie auch das Wissen darum, dass sie berufen sind, eine zunehmend wichtige Rolle bei der Verbreitung des Evangeliums zu übernehmen.

Aus diesem Grund ist eine angemessene Ausbildung im Hinblick auf ein wirkkräftiges apostolisches Handeln wichtig.

Botschaft, 8. Juni 2014

Wo brüderliche Liebe herrscht, da ruft Gott

Auch heute lebt Jesus in den Wirklichkeiten unseres gewöhnlichen Lebens und ist dort auf dem Weg, sich allen zu nähern – angefangen bei den Letzten – und uns von unseren Krankheiten und Gebrechen zu heilen. Ich wende mich jetzt an jene, die bereit sind, auf die Stimme Christi zu hören, die in der Kirche erklingt, um zu verstehen, was ihre eigene Berufung ist. Ich lade euch ein, auf Jesus zu hören und ihm nachzufolgen, euch innerlich von seinen Worten verwandeln zu lassen: Sie »sind Geist und sind Leben« (*Joh* 6,63). Maria, die Mutter Jesu und unsere Mutter, sagt immer wieder auch zu uns: »Was er euch sagt, das tut!« (*Joh* 2,5). Es wird euch guttun, mit Vertrauen einen gemeinsamen Weg einzuschlagen, der in euch und um euch herum die besten Kräfte freizusetzen weiß. Die Berufung ist eine Frucht, die heranreift im gut bebauten Ackerfeld der gegenseitigen Liebe, die zum gegenseitigen Dienen wird, im Umfeld eines echten kirchlichen Lebens. Keine Berufung entsteht aus sich selbst heraus oder lebt für sich selbst. Die

Berufung entspringt dem Herzen Gottes und keimt auf im guten Ackerboden des gläubigen Volkes, in der Erfahrung der brüderlichen Liebe. Hat Jesus etwa nicht gesagt: »Daran werden alle erkennen, dass ihr meine Jünger seid: wenn ihr einander liebt« (*Joh* 13,35)?

Weltgebetstag für geistige Berufe 2014

Im Priester wirkt Christus der Hirte

Wer berufen ist, soll wissen, dass es in dieser Welt eine echte und vollkommene Freude gibt: die Freude, aus dem Volk, das man liebt, herausgenommen zu werden, um zu ihm gesandt zu werden als Spender der Gaben und der Tröstungen Jesu, des einzigen Guten Hirten. Voll herzlichen Mitgefühls für all die Kleinen und die Ausgeschlossenen dieser Erde, die erschöpft und unterdrückt sind wie Schafe ohne Hirten, wollte Er viele mit seinem Dienst vereinen, um in der Person der Priester selbst für das Wohl seines Volkes da zu sein und zu wirken.

Homilie, 17. April 2014

Kehrt in der Erinnerung zu eurer ersten Liebe zurück

Ich lade euch ein, in die Freude des Evangeliums einzutauchen und eine Liebe zu nähren, die in der Lage ist, eure missionarische Berufung zu erleuchten. Ich rufe euch auf, wie auf einer inneren Pilgerreise zu jener »ersten Liebe« zurückzukehren, mit der unser Herr Jesus Christus das Herz eines jeden Einzelnen erwärmt hat, nicht im Sinne eines nostalgischen Gefühls, sondern um an der Freude festzuhalten. Der Jünger des Herrn hält an der Freude fest, wenn er bei Ihm ist, wenn er Seinen Willen tut, wenn er den Glauben, die Hoffnung und die Liebe des Evangeliums weitergibt.

Botschaft, 8. Juni 2014

DAS GESCHENK UND DIE MÜHE, EINE FRAU ZU SEIN

»Die Apostel und die Jünger tun sich schwer zu glauben. Die Frauen nicht.«

3. April 2013

Eine Kirche ohne Frauen?

Eine Kirche ohne Frauen ist wie das Apostel-Kollegium ohne Maria. Die Rolle der Frau in der Kirche ist nicht nur die Mutterschaft, die Mutter der Familie, sondern sie ist stärker: Sie ist wirklich die Ikone der Jungfrau Maria, der Gottesmutter; diejenige, die der Kirche hilft zu wachsen! Aber bedenkt, dass die Madonna wichtiger ist als die Apostel! Sie ist wichtiger! Die Kirche ist weiblich: Sie ist Kirche, Braut,

Mutter. Aber … die Rolle der Frau in der Kirche darf nicht nur auf die der Mutter, der Arbeiterin hinauslaufen, eine eingeschränkte Rolle … Nein! Sie ist etwas anderes!

Pressekonferenz, 28. Juli 2013

Die geistliche Verantwortung teilen

Die Kirche erkennt den unentbehrlichen Beitrag an, den die Frau in der Gesellschaft leistet – mit Feingefühl, Intuition und gewissen charakteristischen Fähigkeiten, die gewöhnlich typischer für Frauen sind als für Männer. Zum Beispiel die besondere weibliche Aufmerksamkeit gegenüber anderen, die sich speziell, wenn auch nicht ausschließlich, in der Mutterschaft ausdrückt. Ich sehe mit Freude, wie viele Frauen pastorale Verantwortungen gemeinsam mit den Priestern ausüben, ihren Beitrag zur Begleitung von Einzelnen, von Familien oder Gruppen leisten und neue Anstöße zur theologischen Reflexion geben.

Doch muss noch größerer Raum für eine wirksamere weibliche Präsenz in der Kirche geschaffen werden. Denn der weibliche Genius ist in allen Ausdrucksformen des Gesellschaftslebens unentbehrlich; aus diesem Grund muss die Präsenz der Frau auch im Bereich der Arbeit garantiert werden sowie an den verschiedenen Orten, wo die wichtigen Entscheidungen getroffen werden, in der Kirche ebenso wie in sozialen Einrichtungen.

Evangelii gaudium, 103

Die Verwirklichung der Frau ist nicht die »*servidumbre*« [Fronarbeit]

Es tut mir weh – ich sage es ehrlich –, wenn ich in der Kirche oder in manchen kirchlichen Organisationen sehe, dass die dienende Rolle – die wir alle haben und haben müssen –, dass die dienende Rolle der Frau zur »*servidumbre*« [Fronarbeit] hin abdriftet … Ich weiß nicht, ob man auf Italienisch so sagt. Versteht ihr mich? Dienen. Wenn ich Frauen sehe, die Dinge der »*servidumbre*« tun, dann bedeutet das, dass man nicht ganz verstanden hat, was eine Frau tun sollte. Welche Präsenz hat die Frau in der Kirche? Kann sie stärker gewürdigt werden?

Ansprache, 12. Oktober 2013

Ein mögliches Leben, ein unvergleichlicher Beitrag

Viele Frauen verspüren das Bedürfnis nach mehr Anerkennung in ihren Rechten, in der Wertschätzung der Aufgaben, die sie täglich in den verschiedenen Bereichen des Sozial- und Berufslebens erfüllen, in ihren Bestrebungen im Schoße der Familie und der Gesellschaft. Einige von ihnen sind erschöpft und beinahe erdrückt von den umfangreichen Verpflichtungen und Aufgaben und stoßen dabei nicht ausreichend auf Verständnis und Hilfe. Es muss dafür gesorgt werden, dass Frauen durch finanzielle Bedürfnisse nicht gezwungen sind, zu harte Arbeit in zu anstrengenden Arbeitszeiten zu verrichten, denn diese kommen zu ihrer ganzen Verantwortung als Hausfrau und Erzieherin der Kinder noch hinzu. Aber vor allem muss bedacht werden, dass die Verpflichtungen der Frau in allen Bereichen des Familienlebens auch einen unvergleichlichen Beitrag zum Leben und zur Bildung der Gesellschaft darstellen.

Botschaft, 2. Dezember 2014

Wechselseitigkeit aufbauen

Zwar gab es bemerkenswerte Verbesserungen in der Anerkennung der Rechte der Frau und ihrer Beteiligung am öffentlichen Leben, jedoch ist in einigen Ländern noch vieles voranzubringen. Die Ausrottung unannehmbarer Bräuche ist noch nicht geschafft. Ich hebe die beschämende Gewalt hervor, die manchmal gegen Frauen verübt wird, die Misshandlung in der Familie und verschiedene Formen der Sklaverei, die nicht etwa ein Beweis für männliche Stärke sind, sondern ein feiger Verlust an Würde. Die verbale, physische und sexuelle Gewalt, die in einigen Ehen gegen Frauen verübt wird, widerspricht der Natur der ehelichen Vereinigung selbst. Ich denke an die schlimme Genitalverstümmelung der Frau in manchen Kulturen, aber auch an die Ungleichheit im Zugang zu würdigen Arbeitsplätzen und zu Entscheidungspositionen. Die Geschichte trägt die Spuren der Ausschreitungen der patriarchalen Kulturen, in denen die Frau als zweitrangig betrachtet wurde, aber denken wir auch an die Leihmutterschaft oder an die »Instrumentalisierung und Kommerzialisierung des weiblichen Körpers in der gegenwärtigen Medienkultur«. Manche meinen, viele aktuelle Probleme seien seit der Emanzipation der Frau aufgetreten. Aber auch das ist kein gültiges Argument. Es ist falsch, es ist nicht wahr! Das ist eine Form von Chauvinismus. Die identische Würde von Mann und Frau ist uns ein Grund zur Freude darüber, dass alte Formen von Diskriminierung überwunden werden und sich in den Familien eine Praxis der Wechselseitigkeit entwickelt. Wenn Formen des Feminismus aufkommen, die wir nicht als angemessen betrachten können, so bewundern wir gleichwohl in der deutlicheren Anerkennung der Würde der Frau und ihrer Rechte ein Werk des Heiligen Geistes.

Amoris laetitia, 54

Frau, Gott vertraut dir den Menschen an!

Gott vertraut der Frau in einer besonderen Weise den Menschen an.

Was bedeutet dieses »in besonderer Weise anvertrauen«, das besondere Anvertraut-Sein des Menschen an die Frau? Es scheint mir offensichtlich, dass mein Vorgänger sich hier auf die Mutterschaft bezieht. Viele Dinge können sich ändern und haben sich mit der kulturellen und gesellschaftlichen Entwicklung geändert, aber es bleibt die Tatsache bestehen, dass es die Frau ist, die die Kinder des Menschen empfängt, die sie in ihrem Schoß trägt und gebärt. Und das ist nicht nur ein rein biologisches Faktum, sondern beinhaltet eine Fülle von Implikationen sowohl für die Frau selbst, für ihre Art des Seins, als auch für ihre Beziehungen, für ihre Art, sich zum menschlichen Leben und zum Leben allgemein in Beziehung zu setzen. Indem Gott die Frau zur Mutterschaft berufen hat, hat er ihr in ganz besonderer Weise den Menschen anvertraut.

Ansprache, 12. Oktober 2013

Frau und Mann, ergänzt euch gegenseitig

Die Komplementarität ist die Grundlage von Ehe und von Familie – der ersten Schule, in der wir unsere Gaben und die der anderen schätzen lernen und wo wir beginnen, die Kunst des Zusammenlebens zu erlernen. Für die meisten von uns ist die Familie der Hauptort, an dem wir beginnen, Werte und Ideale zu »atmen« wie auch unser Potenzial an Tugenden und Nächstenliebe zu verwirklichen. Zugleich sind die Familien, wie wir wissen, Orte der Spannung: zwischen Egoismus und Altruismus, zwischen Vernunft und Leidenschaft, zwischen unmittelbaren Wünschen und langfristigen Zielen, und so weiter. Aber die Familien stellen auch das Umfeld bereit, in dem diese Spannungen gelöst werden: und das ist wichtig. Wenn wir in diesem Kontext von der Komplementarität von Mann und Frau sprechen, dürfen wir diesen Begriff nicht mit der simplifizierten Vorstellung verwechseln, dass alle Rollen und die Beziehungen beider Geschlechter in ein einziges und statisches Modell eingeschlossen sind. Die Komplementarität nimmt viele Formen an, weil jeder Mann und jede Frau einen ganz persönlichen Teil in die Ehe und die Erziehung der Kinder einbringt, den eigenen persönlichen Reichtum, das persönliche Charisma; und so wird die Komplementarität zu einem großen Reichtum. Und sie ist nicht nur ein Gut, sondern sie ist auch Schönheit.

Ansprache, 17. November 2014

Zwei Gefahren, die die Berufung der Frau herabsetzen

Hier aber gibt es stets zwei Gefahren, zwei gegensätzliche Extreme, die die Frau und ihre Berufung herabsetzen. Die erste Gefahr besteht darin, die Mutterschaft auf eine gesellschaftliche Rolle zu reduzieren, auf eine – wenn auch edle – Aufgabe, die die Frau mit ihren Potenzialitäten abseits stehen und beim Aufbau der Gemeinschaft nicht voll zur Geltung kommen lässt, sowohl im zivilen als auch im kirchlichen Bereich. Und als Reaktion darauf besteht die andere Gefahr, in gegensätzlicher Richtung, nämlich eine Art von Emanzipation zu fördern, die – um die dem Männlichen entzogenen Räume zu besetzen – das Weibliche mit seinen wertvollen charakteristischen Zügen aufgibt.

Ansprache, 12. Oktober 2013

Der Beitrag des weiblichen Genius in Familie, Gesellschaft und Kirche

Während es in der Arbeitswelt und im Bereich des öffentlichen Lebens wichtig ist, dass der Genius der Frau einen beträchtlichen Beitrag leistet, so bleibt dieser Beitrag stets unerlässlich in der Sphäre der Familie, die für uns Christen nicht einfach ein privater Raum ist, sondern jene »Hauskirche«, deren Gesundheit und

Gedeihen die Grundvoraussetzung für die Gesundheit und das Gedeihen der Kirche und der ganzen Gesellschaft darstellt. Denken wir an die Muttergottes: Die Muttergottes bewirkt etwas in der Kirche, das die Priester, die Bischöfe und die Päpste nicht bewirken können. Sie verkörpert den wahren Genius der Frau. Und denken wir an die Muttergottes in den Familien. Daran, was die Muttergottes in einer Familie tut. Die Gegenwart der Frau im häuslichen Umfeld erweist sich folglich als absolut notwendig für die Weitergabe solider moralischer Prinzipien an die künftigen Generationen und für die Weitergabe des Glaubens selbst.

Ansprache, 25. Januar 2014

Lerne von den Frauen der Auferstehung, hinauszugehen und den Glauben zu verbreiten!

Die ersten Zeuginnen des Ereignisses der Auferstehung waren die Frauen. Als eben die Sonne aufgeht, kommen sie zum Grab, um den Leib Jesu zu salben, und finden das erste Zeichen: das leere Grab (vgl. *Mk* 16,1). Dann folgt die Begegnung mit einem Boten Gottes, der verkündet: Jesus von Nazareth, der Gekreuzigte, ist nicht hier; er ist auferstanden (vgl. V. 5-6). Die Frauen sind von der Liebe angetrieben und wissen diese Verkündigung mit Freude anzunehmen: Sie glauben und geben die Neuigkeit sofort weiter. Sie behalten sie nicht für sich, sie geben sie weiter. Die Freude zu wissen, dass Jesus lebt, die Hoffnung, die das Herz erfüllt, lässt sich nicht im Zaum halten. Das sollte auch in unserem Leben geschehen. Wir müssen die Freude spüren, Christen zu sein! Wir glauben an einen Auferstandenen, der das Böse und den Tod überwunden hat! Wir müssen den Mut haben »hinauszugehen«, um diese Freude und dieses Licht an alle Orte unseres Lebens zu bringen! Die Auferstehung Christi ist unsere größte Gewissheit; sie ist der kostbarste Schatz! Wie sollten wir diesen Schatz, diese Gewissheit nicht mit den anderen teilen? Sie ist nicht nur für uns da, sie ist da, um weitergegeben zu werden, um sie den anderen zu schenken, um sie mit den anderen zu teilen.

Generalaudienz, 3. April 2013

Die theologische Arbeit der Frauen offenbart das Unergründliche

Ich lade ein, über die Rolle nachzudenken, die Frauen auf dem Gebiet der Theologie haben können und müssen…

Kraft ihres weiblichen Genius können Theologinnen, zum Wohl aller, gewisse unerforschte Aspekte des unergründlichen Mysteriums Christi hervorheben, in dem »alle Schätze der Weisheit und Erkenntnis verborgen« sind (*Kol* 2,3). Ich lade euch daher ein, mehr von diesem spezifischen Beitrag der Frauen zum Verständnis des Glaubens zu profitieren.

Ansprache, 5. Dezember 2014

Gebt dieses Zeugnis weiter!

Das ist ein bisschen die Sendung der Frauen: der Mütter, der Frauen! Den Kindern, den Enkeln Zeugnis geben, dass Jesus lebt, dass er der Lebendige ist, dass er auferstanden ist! Mütter und Frauen, gebt dieses Zeugnis weiter! Für Gott zählt das Herz, es zählt, wie offen wir für Ihn sind, ob wir wie Kinder sind, die Vertrauen haben. Das lässt uns jedoch auch darüber nachdenken, welche besondere Rolle die Frauen in der Kirche und auf dem Glaubensweg hatten und auch heute haben, indem sie dem Herrn die Türen öffnen, ihm nachfolgen und sein Antlitz weitergeben, denn der Blick des Glaubens bedarf immer des schlichten und intensiven Blicks der Liebe.

Generalaudienz, 3. April 2013

Riskante Entscheidungen, aber »frauliche Entscheidungen«

In der Kirche müssen Frauen folgendermaßen bedacht werden: in der Aussicht auf riskante, aber frauliche Entscheidungen. Das muss noch besser verdeutlicht werden. Ich glaube, wir haben in der Kirche noch keine vertiefte Theologie der Frau entwickelt. Nur dass sie dies oder jenes tun darf: jetzt ist sie Ministrantin, nun liest sie die Lesung, ist die Präsidentin der *Caritas* ... Aber, da ist noch mehr! Es muss eine vertiefte Theologie der Frau entwickelt werden. Das ist es, was ich denke.

Pressekonferenz, 28. Juli 2013

Ihr Frauen seid Siegerinnen über die Männer

Die Frau besitzt den großen Schatz, Leben schenken zu können, Zärtlichkeit schenken zu können, Frieden und Freude schenken zu können. Es gibt nur ein Vorbild für euch: Maria, die Frau des Glaubens, die nicht wusste, was geschah, aber gehorchte. Die, als sie erfuhr, was ihre Cousine brauchte, zu ihr eilte, die allzeit zu helfen bereite Jungfrau. Die in ein fremdes Land flüchtete, um das Leben ihres Sohnes zu retten. Die ihrem Sohn half, groß zu werden, und ihn begleitete und die, als ihr Sohn zu predigen begann, ihm nachfolgte. Die alles erleiden musste, was diesem Kind, diesem großen Jungen, geschah. Die immer an der Seite ihres Sohnes war und ihm sagte, welche Probleme es gab: »Sie haben keinen Wein mehr.« Die, die im Moment des Kreuzes Ihm beistand ...

Möge euch Maria, die liebe Frau der Zärtlichkeit, die liebe Frau der Geborgenheit, die allzeit zu dienen bereite liebe Frau, euren Weg aufzeigen. Gut, und nun seid nicht mehr verärgert, da ihr doch als Siegerinnen über die Männer hervorgegangen seid.

Videobotschaft, 26. April 2014

Eine weibliche Ikone, die nicht vergessen werden darf

Am Kreuz, als Christus in seinem Fleisch die dramatische Begegnung der Sünde der Welt mit dem Erbarmen Gottes erlitt, konnte er zu seinen Füßen die tröstliche Gegenwart seiner Mutter und seines Freundes sehen. In diesem entscheidenden Augenblick, ehe er das Werk vollbrachte, das der Vater ihm aufgetragen hatte, sagte Jesus zu Maria: »Frau, siehe, dein Sohn!« Dann sagte er zum geliebten Freund: »Siehe, deine Mutter!« (*Joh* 19,26.27). Diese Worte Jesu an der Schwelle des Todes drücken in erster Linie nicht eine fromme Sorge um seine Mutter aus, sondern sind vielmehr eine Aussage der Offenbarung, die das Geheimnis einer besonderen Heilssendung zum Ausdruck bringt. Jesus hinterließ uns seine Mutter als unsere Mutter. Erst nachdem er das getan hatte, konnte Jesus spüren, dass »alles vollbracht war« (*Joh* 19,28). Zu Füßen des Kreuzes, in der höchsten Stunde der neuen

Schöpfung führt uns Christus zu Maria. Er führt uns zu ihr, da er nicht will, dass wir ohne eine Mutter gehen, und das Volk liest in diesem mütterlichen Bild alle Geheimnisse des Evangeliums. Dem Herrn missfällt es, dass seiner Kirche das weibliche Bild fehlt.

Evangelii gaudium, 285

Kein Machismo mit Rock

Es ist notwendig, mehr Raum zu schaffen für eine entschiedenere weibliche Präsenz in der Kirche. Einen »Machismo mit Rock« fürchte ich als Lösung, denn eigentlich ist die Frau anders gestrickt als der Mann. Die Unterhaltungen über die Rolle der Frau, die ich oft höre, sind jedoch genau durch die Ideologie des Männlichkeitskults motiviert. Frauen stellen tief greifende Fragen, die man angehen muss. Ohne die Frau und ihre Rolle kann die Kirche nicht sie selbst sein. Für die Kirche ist die Frau unabdingbar. Maria, eine Frau, ist wichtiger als die Bischöfe. Ich sage das, weil man nicht die Funktion mit der Würde verwechseln sollte. Die Figur der Frau in der Kirche muss also weiter vertieft werden. Es muss mehr an einer tiefer gehenden Theologie der Frau gearbeitet werden. Nur indem man diesen Schritt tut, wird man besser über die Funktion der Frau in der Kirche nachdenken können. Der weibliche Genius ist notwendig an Orten, wo wichtige Entscheidungen getroffen werden. Die Herausforderung heute ist genau folgende: über den spezifischen Platz der Frau nachzudenken – auch genau dort, wo in den verschiedenen Bereichen der Kirche Autorität ausgeübt wird.

Interview von Antonio Spadaro, 19. August 2013

III

DAS HUNDERTFACHE AUCH IM LEID

JENSEITS DER TRÄNEN UND DER EINSAMKEIT

»Jemand, der sich an heißer Milch verbrannt hat, fängt beim Anblick einer Kuh an zu weinen.«

9. Januar 2015

Gott ist in unseren alltäglichen Kämpfen gegenwärtig

Gott selbst ist derjenige, der die Initiative ergreift und beschließt, sich in unsere Häuser, in unsere alltäglichen, von Ängsten und Sehnsüchten erfüllten Kämpfe einzupassen, so wie es Maria getan hat. Und gerade dort, in Städten, Schulen und Universitäten, auf Plätzen und in Krankenhäusern erfüllt sich die schönste Verkündigung, die wir jemals vernommen haben: »*Freue dich, der Herr ist mit dir!*« Eine Freude, aus der Leben entspringt, die Hoffnung weckt, die Fleisch wird in der Art, wie wir auf die Zukunft schauen, in unserer Haltung, mit der wir auf andere blicken. Eine Freude, die zur Solidarität, Gastfreundschaft, Barmherzigkeit gegenüber allen wird.

Homilie, 25. März 2017

Auch ein Papst empfindet Ängste

Frage eines Jugendlichen: Ich habe meine Ängste. Wovor haben Sie eigentlich Angst?

Papst Franziskus: Vor mir selbst! Angst … Sieh mal, im Evangelium sagt Jesus an mehreren Stellen: »*Habt keine Angst! Habt keine Angst!*« Das sagt er ganz oft. Und warum? Weil er weiß, dass die Angst etwas ganz Normales ist. Wir haben Angst vor dem Leben, wir haben Angst vor den Herausforderungen, wir haben Angst vor Gott … Wir alle haben Angst, alle. Es muss dich nicht beunruhigen, dass du Ängste hast. Du musst sie spüren, aber ohne Angst, und dann überlegst du für dich: »Warum habe ich Angst?« Und vor Gott und vor dir selbst versuchst du, die Situation zu klären oder einen anderen um Hilfe zu bitten. Die Angst ist keine gute Ratgeberin, weil sie dich schlecht berät. Sie drängt dich in eine Richtung, die nicht die richtige ist. Daher sagte Jesus oft: »*Habt keine Angst! Habt keine Angst!*« Außerdem sollten wir uns alle selbst gut kennen: Jeder muss sich selbst kennenlernen und versuchen herauszufinden, in welchem Bereich genau wir am meisten Fehler begehen, und vor diesem Bereich sollten wir etwas Angst haben. Denn es gibt die schlechte Angst und die gute Angst. Die gute Angst steht für die Achtsamkeit. Sie drückt eine besonnene Haltung aus: »Schau, du bist da und da schwach, sei also achtsam, damit du nicht den Halt verlierst.« Die schlechte Angst ist die, von der du sagst, dass sie dich erstickt, dich vernichtet. Sie vernichtet dich, sie hält dich von etwas ab: Diese Angst ist schlecht und muss vertrieben werden.

Papst Franziskus im Gespräch mit Jugendlichen, 31. März 2014

Das Evangelium ist keine Schminke!

Jesus ist auferstanden! Wir haben ihn gesehen!

Lassen wir es zu, dass sich diese im Evangelium festgehaltene Erfahrung auch in unserem Herzen einprägt und unser Leben durchdringt … Wenn wir doch nur genauso strahlen könnten! Aber hier geht es nicht um Schminke! Das Strahlen kommt von innen, aus einem Herzen, das in die Quelle dieser Freude getaucht ist, wie das von Maria Magdalena, die den Verlust ihres Herrn beweinte und ihren Augen nicht zu trauen glaubte, als sie sah, dass er auferstanden war. Wer diese Erfahrung erlebt, wird Zeuge der Auferstehung, denn er ist gewissermaßen selbst auferstanden, sie selbst ist auferstanden. Dann ist man fähig, einen

»Strahl« des Lichts des Auferstandenen in die unterschiedlichsten Lebenssituationen hineinzutragen: in glückliche, die er schöner macht und vor dem Egoismus bewahrt; in schmerzhafte, indem er Gelassenheit und Hoffnung bringt.

Regina coeli, 21. April 2014

Wenn der Teufel in Engelsmaske kommt

Und dies ist das Wort, das ich euch mitgeben möchte: *Freude*! Seid niemals traurige Männer und Frauen. Ein Christ darf das niemals sein! Gebt euch niemals der Mutlosigkeit hin! Unsere Freude entspringt nicht aus dem Besitz von Dingen, sondern daraus, einer Person begegnet zu sein: Jesus, der in unserer Mitte ist. Sie entspringt dem Wissen, dass wir mit ihm niemals allein sind, selbst in schwierigen Momenten nicht, auch dann nicht, wenn wir auf unserem Lebensweg auf Probleme und Hindernisse stoßen, die uns unüberwindlich erscheinen. Und davon gibt es nur allzu viele! In diesen Momenten kommt der Feind, der Teufel, oft in Engelsmaske und flüstert uns heimtückisch seine Worte ein. Hört nicht auf ihn! Folgen wir Jesus! Wir begleiten, wir folgen Jesus, aber vor allem wissen wir, dass Er uns begleitet und uns auf seine Schultern lädt. Darin liegt unsere Freude, unsere Hoffnung, die wir in unsere Welt tragen müssen. Und bitte, lasst euch die Hoffnung nicht nehmen! Lasst nicht zu, dass euch die Hoffnung geraubt wird! Jene Hoffnung, die Jesus uns gibt.

Homilie, 24. März 2013

Wenn wir zwischen Unkraut und Wüste leben

Wie oft droht der Same der Güte und Hoffnung, den wir zu säen versuchen, erstickt zu werden vom Unkraut des Egoismus, der Feindseligkeit und der Ungerechtigkeit, nicht nur in unserem Umfeld, sondern auch in unserem eigenen Herzen! Mit Sorge erfüllt uns die wachsende Kluft zwischen Reich und Arm in unserer Gesellschaft. Wir erkennen Zeichen einer Vergötterung von Reichtum, Macht und Vergnügen, für die ein hoher Preis gezahlt wird. In unserem näheren Umfeld leiden viele unserer Freunde und Altersgenossen trotz ihres materiellen Reichtums unter geistiger Armut, Einsamkeit und stiller Hoffnungslosigkeit. Gott scheint von der Bildfläche verschwunden zu sein. Es wirkt beinahe so, als breite sich eine geistige Wüste über unsere Welt aus. Dies wirkt sich auch auf die jungen Menschen aus, indem ihnen ihre Hoffnung genommen wird und nicht selten sogar ihr Leben selbst. Doch das ist die Welt, in die ihr hinausgehen und Zeugnis ablegen sollt über das Evangelium der Hoffnung, das Evangelium Jesu Christi und die Verheißung seines Reiches.

Ansprache, 15. August 2014

Nimm die Herausforderung deiner Tränen an

Der Welt von heute fehlt das Weinen! Es weinen die Ausgegrenzten, es weinen die Geächteten, es weinen die Verschmähten, doch wir, die ein mehr oder weniger sorgenfreies Leben führen, verstehen nicht zu weinen. Gewisse Realitäten des Lebens sieht man nur mit Augen, die durch Tränen reingewaschen sind. Ich lade jeden von euch dazu ein, sich zu fragen: Habe ich gelernt zu weinen? Wenn ich ein hungriges Kind sehe, ein Kind unter Drogen auf der Straße, ein obdachloses, ein vernachlässigtes Kind, ein missbrauchtes Kind, ein von der Gesellschaft versklavtes Kind? Oder ist mein Weinen das launische Weinen dessen, der weint, weil er von etwas noch mehr haben möchte? Das ist das Erste, was ich euch sagen möchte: Lernen wir zu weinen …

Jesus hat im Evangelium geweint. Er weinte um seinen toten Freund. Er weinte in seinem Herzen um diese Familie, die ihre Tochter verloren hatte. Er weinte in seinem Herzen, als er diese arme Witwe sah, die ihren Sohn zu Grabe trug. Er war ergriffen und weinte in seinem Herzen, als er die Menschenmenge wie Schafe ohne Hirten sah. Wenn ihr nicht lernt zu weinen, seid ihr keine guten Christen. Und das ist eine Herausforderung.

Ansprache, 18. Januar 2015

Der Weg des Scheiterns und der Weg der Erfüllung

Wie viele Familien befinden sich in ängstlicher Sorge, weil eines ihrer Mitglieder – zumeist ein junges – dem Alkohol, den Drogen, dem Glücksspiel oder der Pornografie verfallen ist! Wie viele Menschen können keinen Sinn mehr im Leben erkennen, sind ohne Zukunftsperspektive und haben jede Hoffnung aufgegeben! Und wie viele Menschen geraten in diese Not durch ungerechte soziale Bedingungen, durch Arbeitslosigkeit, die sie jeglicher Würde beraubt, weil sie für ihren Lebensunterhalt nicht mehr aufkommen können, durch Ungleichheiten im Hinblick auf das Recht auf Bildung und Gesundheit. In solchen Fällen kann die moralische Not zu Recht als beginnender Selbstmord bezeichnet werden. Diese Form der Not, die auch finanziellen Ruin mit sich bringt, ist immer mit *spiritueller Not* verbunden, die uns heimsucht, wenn wir uns von Gott entfernen und uns seiner Liebe verweigern. Wenn wir meinen, Gott nicht zu brauchen, der uns in Christus seine Hand entgegenstreckt, weil wir überzeugt sind, uns selbst zu genügen, führt uns das auf einen Weg des Scheiterns. Allein Gott kann uns retten und befreien.

Botschaft zur Fastenzeit, 2014

Riskiere nicht die sinnlose Einsamkeit

Die große Gefahr der Welt von heute mit ihrem vielfältigen, erdrückenden Konsumangebot ist eine individualistische Traurigkeit, die aus einem bequemen, begehrlichen Herzen hervorgeht, aus der krankhaften Suche nach oberflächlichem Vergnügen, aus einer abgeschotteten Geisteshaltung. Wenn das Innenleben sich auf die eigenen Interessen beschränkt, fehlt Raum für die anderen, finden die Armen keinen Einlass mehr, ist man taub gegenüber der Stimme Gottes, genießt man nicht mehr die innige Freude seiner Liebe, regt sich keine Begeisterung, Gutes zu tun. Auch Gläubige sind gegen diese permanente Gefahr nicht gefeit. Viele erliegen ihr und werden zu gereizten, unzufriedenen, entseelten Menschen. Das ist nicht die Wahl eines würdigen und erfüllten Lebens, das ist nicht Gottes Wille für uns, das ist nicht das Leben im Geist, das aus dem Herzen des auferstandenen Christus hervorsprudelt.

Evangelii gaudium, 2

Der höchste Sinn deines Lebens kommt von Gott

Die erste Form der Gleichgültigkeit in der menschlichen Gesellschaft ist diejenige gegenüber Gott, aus der auch die Gleichgültigkeit gegenüber dem Nächsten und gegenüber der Schöpfung erwächst. Dies ist eine der schwerwiegendsten Folgen eines falschen Humanismus und des praktischen Materialismus in Kombination mit einem relativistischen und nihilistischen Denken. Der Mensch empfindet sich als Urheber seiner selbst, seines eigenen Lebens und der Gesellschaft. Er genügt sich selbst und trachtet nicht nur danach, den Platz Gottes einzunehmen, sondern völlig ohne Gott auszukommen. Folglich ist er davon überzeugt, niemandem etwas schuldig zu sein außer sich selbst, und beansprucht, nur Rechte zu besitzen.

Botschaft zum Weltfriedenstag, 2016

Wie entwickelt sich mein Geist?

Wird meine *forma mentis* individualistischer oder solidarischer? Ist sie solidarischer, dann ist das ein gutes Zeichen, weil ihr gegen den Strom schwimmt, aber in die einzige Richtung, die eine Zukunft hat. Die nicht durch Worte verkündete, sondern konkret gelebte Solidarität bringt Frieden und Hoffnung für jedes Land und die ganze Welt.

Ansprache, 17. Februar 2017

Deine Fastenzeit münde in Ostern

Es gibt Christen, deren Lebensart wie eine Fastenzeit ohne Ostern erscheint. Ich gebe zu, dass man Freude je nach Lebensabschnitt und -umständen, die manchmal sehr hart sein können, unterschiedlich erlebt. Die Freude passt sich an und verwandelt sich, und über allem bleibt ein Lichtstrahl von ihr übrig, der aus der persönlichen Gewissheit hervorgeht, grenzenlos geliebt zu werden, jenseits von allem. Ich verstehe die Menschen, die wegen schwerer Nöte, unter denen sie zu leiden haben, zur Traurigkeit neigen, doch nach und nach muss man zulassen, dass die Glaubensfreude erneut zu erwachen beginnt, wie eine geheime, aber feste Zuversicht, auch inmitten der schlimmsten Ängste.

Evangelii gaudium, 2

Gott ist nicht gleichgültig, Kain schon. Und du?

Kain gibt vor, nicht zu wissen, was mit seinem Bruder geschehen ist, und sagt, er sei nicht dessen Hüter. Er fühlt sich nicht verantwortlich für sein Leben, für sein Schicksal. Er fühlt sich nicht betroffen. Er ist seinem Bruder gegenüber gleichgültig, obwohl ihre gemeinsame Herkunft sie verbindet. Wie traurig! Was für ein geschwisterliches, familiäres und menschliches Drama! Dies ist die erste Form der Gleichgültigkeit unter Geschwistern. Gott hingegen ist nicht gleichgültig: Das Blut Abels ist in seinen Augen sehr wertvoll und er verlangt von Kain, Rechenschaft darüber abzulegen. Gott offenbart sich also vom Anbeginn der

Menschheit an als derjenige, der sich für das Schicksal der Menschen interessiert.

Botschaft zum Weltfriedenstag, 2016

Hoch lebe die Globalisierung der Gleichgültigkeit?

Gott ist uns gegenüber nicht gleichgültig. Jeder und jede von uns liegt ihm am Herzen, er kennt uns beim Namen, sorgt sich um uns und sucht uns, wenn wir von ihm ablassen. Jedem Einzelnen von uns gilt sein Interesse; seine Liebe hindert ihn, gleichgültig gegenüber dem zu sein, was uns geschieht. Es kommt jedoch vor, dass wir, wenn es uns gut geht und wir uns wohlfühlen, die anderen vergessen (was Gott Vater niemals tut) und dass wir uns nicht für ihre Probleme, für ihre Leiden und für die Ungerechtigkeiten interessieren, die sie erdulden … Dann verfällt unser Herz der Gleichgültigkeit. Während es mir relativ gut geht und ich mich wohlfühle, vergesse ich jene, denen es nicht so gut geht. Diese egoistische Haltung der Gleichgültigkeit hat heute ein solches weltweites Ausmaß angenommen, dass wir fast schon von einer Globalisierung der Gleichgültigkeit sprechen können. Ein Missstand, dem wir als Christen entgegentreten müssen.

Botschaft zur Fastenzeit, 2015

Meide künstliche Paradiese

In einer oft von Technik beherrschten Kultur scheinen sich die Formen der Traurigkeit und Einsamkeit zu vermehren, die die Menschen – und auch viele Jugendliche – befallen. Die Zukunft scheint eine Geisel der Unsicherheit zu sein, die keine Beständigkeit gewährt. So tauchen oft Gefühle von Schwermut, Traurigkeit und Verdruss auf, die allmählich in Verzweiflung führen können. Es braucht Zeugen der Hoffnung und der echten Freude, um die Trugbilder zu verscheuchen, die ein schnelles Glück durch künstliche Paradiese versprechen. Die tiefe Leere vieler Menschen kann durch die Hoffnung, die wir im Herzen tragen, und durch die Freude, die daraus entspringt, gefüllt werden. Wir müssen die Freude erkennen, die sich in dem von Erbarmen berührten Herzen offenbart. Beherzigen wir also die Worte des Apostels: »*Freut euch im Herrn zu jeder Zeit*!« (*Phil* 4,4; vgl. *1 Thess* 5,16).

Misericordia et misera, 3

Keine Angst vor der Liebe

In der Jugend blüht der große Reichtum des Gefühlslebens auf, der in euren Herzen ruht, der tiefe Wunsch nach wahrer, schöner und großer Liebe. Wie viel Kraft steckt in dieser Fähigkeit, zu lieben und geliebt zu werden! Lasst nicht zu, dass dieser kostbare Wert verfälscht, zerstört oder verdorben wird. Das geschieht, wenn sich in unsere Beziehungen die Instrumentalisierung des Nächsten für die eigenen egoistischen Zwecke – manchmal als bloßes Lustobjekt – einschleicht. Diese negativen Erfahrungen hinterlassen im Herzen Wunden und Trauer. Ich bitte euch: Habt keine Angst vor wahrer Liebe, wie Jesus sie uns lehrt und die der heilige Paulus folgendermaßen umschreibt: »*Die Liebe ist langmütig, die Liebe ist gütig. Sie ereifert sich nicht, sie prahlt nicht, sie bläht sich nicht auf. Sie handelt nicht ungehörig, sucht nicht ihren Vorteil, lässt sich nicht zum Zorn reizen, trägt das Böse nicht nach. Sie freut sich nicht über das Unrecht, sondern freut sich an der Wahrheit. Sie erträgt alles, glaubt alles, hofft alles, hält allem stand. Die Liebe hört niemals auf*« (*1 Kor* 13,4-8).

Botschaft zum Weltjugendtag, 31. Januar 2015

Nimm die Herausforderungen an für die Würde des Menschen

Keine Arbeit zu haben und nicht den gerechten Lohn zu erhalten; kein Zuhause zu haben oder kein Land zum Wohnen; aufgrund seines Glaubens, seiner ethnischen Herkunft, seines sozialen Status diskriminiert zu werden … Dies und vieles andere sind Umstände, welche die Würde des Menschen gefährden und auf die das barmherzige Handeln der Christen vor allem mit Aufmerksamkeit und Solidarität antwortet. In wie vielen Situationen können wir heute den Menschen Würde zurückgeben und ihnen ein menschliches Leben ermöglichen! Denken wir nur an die vielen Kinder, die Gewalt verschiedener Art erleiden, durch die ihnen die Lebensfreude genommen wird. Ihre traurigen und orientierungslosen Gesichter haben sich in mein Gedächtnis eingeprägt; sie bitten um unsere Hilfe, um von den Formen der Sklaverei in der heutigen Welt befreit zu werden. Diese Kinder sind die Jugendlichen von morgen; wie bereiten wir sie darauf vor, in Würde und Verantwortung zu leben? Mit welcher Hoffnung können sie sich der Gegenwart und der Zukunft stellen?

Misericordia et misera, 19

Lebe das Mitgefühl und lass dich nicht entmutigen

Wir erfahren immer wieder von Menschen, die in Verzweiflung geraten und schlimme Dinge tun … Die Verzweiflung führt sie zu vielen schlimmen Dingen. Ich meine jene, die entmutigt sind, die schwach sind, die sich von der Last des Lebens und von der eigenen Schuld niedergedrückt fühlen und sich nicht mehr erheben können. In diesen Fällen müssen die Nähe und die Wärme der ganzen Kirche noch tiefer und liebevoller werden. Sie müssen die besondere Form des Mitgefühls annehmen, was nicht bedeutet, den anderen zu bemitleiden: Mitgefühl bedeutet, mit dem anderen Schmerz zu empfinden, zu leiden, mich dem Leidenden zu nähern; ein Wort, eine Liebkosung, die jedoch von Herzen kommt, das ist das Mitgefühl. Für jene, die Stärkung und Trost brauchen. Das ist sehr wichtig: Die christliche Hoffnung kann nicht ohne echte und konkrete Nächstenliebe auskommen.

Generalaudienz, 8. Februar 2017

Sei Auge für den Blinden und Fuß für den Lahmen

Wie viele Christen bezeugen auch heute – nicht mit Worten, sondern mit ihrem in einem aufrichtigen Glauben verwurzelten Leben –, dass sie »Auge für den Blinden« und »Fuß für den Lahmen« sind! Menschen, welche den Kranken nahe sind, die einer ständigen Betreuung bedürfen, einer Hilfe, um sich zu waschen, um sich anzuziehen, um zu essen. Dieser Dienst kann, besonders wenn er sich über lange Zeit hinzieht, mühsam und drückend werden. Es ist relativ leicht, einige Tage lang zu dienen, schwierig aber ist es, einen Menschen über Monate oder sogar Jahre hin zu pflegen, auch wenn dieser nicht mehr in der Lage ist zu danken. Und doch, welch wichtiger Weg der Heiligung ist dies!

Botschaft zum Welttag der Kranken, 2015

Bitte um Gesundheit, aber auch um Frieden, der aus dem Herzen kommt

In der Fürsorge Marias spiegelt sich die zärtliche Liebe Gottes. Diese Zärtlichkeit wird im Leben vieler Menschen gegenwärtig, die den Kranken zur Seite stehen und deren Bedürfnisse zu erkennen wissen, auch die kaum wahrnehmbaren, denn sie haben einen Blick voller Liebe. Wie oft legt eine Mutter am Krankenbett ihres Kindes ihre Bitten in die Hände der Muttergottes, oder ein Sohn oder eine Tochter, die sich um die betagten Eltern kümmern, oder ein Enkel, der für seine Großmutter oder seinen Großvater sorgt! Für unsere Lieben, die unter einer Krankheit leiden, bitten wir an erster Stelle um Gesundheit. Jesus selbst hat die Gegenwart des Reiches Gottes gerade durch Heilungen offenbart: »Geht und berichtet Johannes, was ihr hört und seht: Blinde sehen wieder und Lahme gehen; Aussätzige werden rein und Taube hören; Tote stehen auf« (*Mt* 11,4-5). Aber die vom Glauben beseelte Liebe lässt uns noch um etwas Größeres für sie bitten als körperliche Gesundheit: Wir bitten um Frieden, Lebensmut, der aus dem Herzen kommt und ein Geschenk Gottes ist, Frucht des Heiligen Geistes, den der Vater denjenigen niemals verweigert, die ihn vertrauensvoll darum bitten.

Botschaft zum Welttag der Kranken, 2016

Wir mögen Götzen ...

Denn Glaube bedeutet, auf Gott zu vertrauen: Wer Glauben hat, vertraut auf Gott. Es kommt jedoch der Augenblick, in dem der Mensch, wenn er den Schwierigkeiten des Lebens gegenübersteht, die Zerbrechlichkeit dieses Vertrauens erfährt und das Bedürfnis nach anderen Gewissheiten, nach greifbaren, konkreten Sicherheiten verspürt. Ich vertraue mich Gott an, aber die Situation ist etwas schlecht, und ich brauche eine etwas konkretere Gewissheit. Und darin liegt die Gefahr! Dann sind wir nämlich versucht, auch nach vergänglichem Trost zu suchen, der die Leere der Einsamkeit zu erfüllen und die Mühsal des Glaubens zu erleichtern scheint. Und wir meinen, wir könnten sie in der Sicherheit, die das Geld geben kann, im Bund mit den Mächtigen, in der Weltlichkeit, in den falschen Ideologien finden. Manchmal suchen wir sie in einem Gott, der sich unseren Forderungen beugt und magisch eingreifen kann, um die Wirklichkeit zu verändern und sie so zu gestalten, wie wir sie wollen: Ein Götze eben, der als solcher nichts tun kann, der machtlos und trügerisch ist. Aber wir mögen die Götzen, wir mögen sie sehr!

Generalaudienz, 11. Januar 2017

Hängt nicht den vergänglichen Dingen nach, noch der Liebe »auf Probe«

Manch einer wird sagen: Die Freude kommt von den Dingen her, die man hat, und die Folge ist die Suche nach dem jüngsten Smartphone-Modell, nach dem schnellsten Scooter, nach einem aufsehenerregenden Auto … Aber wirklich, ich sage euch, es schmerzt mich, wenn ich einen Priester oder eine Nonne mit dem neuesten Auto sehe: Das geht nicht! Das geht nicht! Ihr denkt wahrscheinlich: Aber Vater, sollen wir jetzt etwa Fahrrad fahren? Das Fahrrad ist eine gute Sache! Msgr. Alfred fährt Fahrrad, er fährt Fahrrad. Ich halte das Auto für notwendig, weil man viel Arbeit erledigen muss und um irgendwo hin zu kommen … Aber nehmt ein bescheideneres Modell! Und wenn euch dieses schöne Auto so gefällt, dann denkt daran, wie viele Kinder verhungern. Nur daran! Die Freude stammt nicht, sie kommt nicht von den Dingen, die man besitzt! Wieder andere sagen, dass sie bei ganz extremen Erfahrungen empfunden wird, die man macht, um den wohligen Schauder des Nervenkitzels zu verspüren: die Jugend geht gern auf Messers Schneide, das gefällt ihr sehr! Wieder andere denken an Kleider nach der letzten Mode, daran, sich in Lokalen zu vergnügen, die der letzte Schrei sind – aber ich will damit nicht sagen, dass die Schwestern dorthin gehen, ich sage das über die Jugendlichen ganz allgemein. Noch andere denken dabei daran, bei den Mädchen oder bei den Jungen gut anzukommen, wobei sie womöglich von einer zur anderen oder von einem zum anderen flattern. Diese Unsicherheit in der Liebe ist es, was unsicher ist: Es ist Liebe »auf Probe«. Und wir könnten so fortfahren … Auch ihr seid dieser Realität ausgesetzt, die ihr nicht einfach ignorieren könnt.

Treffen mit Seminaristen, Novizen und Novizinnen, 6. Juli 2013

Das Wasser deines Lebens wird zu edlem Wein

Auch wir, ob gesund oder krank, können unsere Mühen und Leiden darbringen wie jenes Wasser, das bei der Hochzeit in Kana die Krüge füllte und in den besten Wein verwandelt wurde. Mit der unaufdringlichen Hilfe für die Leidenden nimmt man, genauso wie in der Krankheit, das tägliche Kreuz auf die Schultern und folgt dem Meister nach (vgl. *Lk* 9,23). Und auch wenn die Begegnung mit dem Leid immer ein Geheimnis bleiben wird, hilft uns Jesus, dessen Sinn zu enthüllen.

Wenn wir der Stimme der Mutter zu folgen wissen, die auch zu uns spricht: »Was er euch sagt, das tut!« (*Joh* 2,5), dann wird Jesus das Wasser unseres Lebens immer in edlen Wein verwandeln.

Botschaft zum Welttag der Kranken, 2016

Die Türen des Trostes

Wenn wir daher als Getröstete leben wollen, müssen wir dem Herrn in unserem Leben Raum geben. Und damit der Herr beständig in uns wohne, müssen wir ihm die Tür öffnen und dürfen ihn nicht ausschließen. Es gibt *Türen des Trostes*, die wir immer offen halten müssen, weil es Jesus gefällt, durch sie einzutreten: das Evangelium, das wir täglich lesen und immer bei uns tragen, das Gebet der Stille und der Anbetung, die Beichte und die Eucharistie. Durch diese Türen tritt der Herr ein und gibt den Dingen einen neuen Geschmack. Wenn sich aber die Tür des Herzens schließt, kommt sein Licht nicht an und man bleibt im Dunkeln. Dann gewöhnen wir uns an den Pessimismus, an die Dinge, die nicht in Ordnung sind, an die Gegebenheiten, die sich nie ändern werden. Und am Ende verschließen wir uns in der Traurigkeit, in den Katakomben der Angst, allein in uns selbst. Wenn wir hingegen die Türen des Trostes aufreißen, tritt das Licht des Herrn ein!

Homilie, 1. Oktober 2016

Stärke die Wurzeln deiner Hoffnung

Die Hoffnung ist eine Gabe Gottes. Wir müssen um sie bitten. Sie ist in das Innerste des Herzens eines jeden Menschen eingesenkt, damit sie mit ihrem Licht die Gegenwart erhellen mag, die oft von leid- und schmerzbringenden Situationen getrübt und verdunkelt wird. Wir müssen die Wurzeln unserer Hoffnung stärken, damit sie Frucht bringen können. An erster Stelle gehört dazu die Gewissheit der Gegenwart Gottes und seines Mitleids trotz des Bösen, das wir getan haben.

Es gibt keinen Ort unseres Herzens, der nicht von der Liebe Gottes erreicht werden könnte. Wo ein Mensch ist, der etwas falsch gemacht hat, da wird das Erbarmen des Vaters noch gegenwärtiger, um Reue, Vergebung, Versöhnung und Frieden zu wecken.

Homilie, 6. November 2016

Leidest du?
Dann kennst du Gott nicht nur
»vom Hörensagen«!

Auch wenn die Krankheit, die Einsamkeit und die Unfähigkeit die Oberhand über unser Leben der Hingabe gewinnen, kann die Erfahrung des Leidens ein bevorzugter Ort der Vermittlung der Gnade sein und eine Quelle, um die *sapientia cordis* zu erwerben und zu stärken. Darum versteht man, wieso Ijob sich am Ende seiner Erfahrung mit den Worten an Gott wenden kann: »Vom Hörensagen nur hatte ich von dir vernommen; jetzt aber hat mein Auge dich geschaut«

(42,5). Auch die im Geheimnis von Leid und Schmerz versunkenen Menschen können, wenn dieses im Glauben angenommen wird, lebendige Zeugen eines Glaubens werden, der es erlaubt, sich im Leiden selbst niederzulassen, obwohl der Mensch mit seiner Intelligenz nicht fähig ist, es bis zum Grunde zu begreifen.

Botschaft zum Welttag der Kranken, 2015

Lichter, die blenden, und Lichter, die leuchten

Auch in unserem Leben gibt es verschiedene Sterne, Lichter, die leuchten und die Richtung weisen. Es liegt an uns zu entscheiden, welchen wir folgen wollen. Es gibt zum Beispiel wechselnde Lichter, die kommen und gehen wie die kleinen Genugtuungen des Lebens: Auch wenn sie gut sind, reichen sie nicht aus, da sie von geringer Dauer sind und nicht den Frieden zurücklassen, den wir suchen. Dann gibt es die gleißenden Rampenlichter, die gleißenden Lichter des Geldes und des Erfolgs, die alles sofort versprechen: Sie sind verführerisch, doch ihre Stärke macht blind und sie lassen einen von herrlichen Träumen in die tiefste Finsternis übergehen. Die Sterndeuter laden dagegen ein, einem beständigen Licht, einem milden Licht, zu folgen, das nicht untergeht, da es nicht von dieser Welt ist: Es kommt vom Himmel und leuchtet … Wo? Im Herzen.

Dieses wahre Licht ist das Licht des Herrn, oder besser: es ist der Herr selbst. Er ist unser Licht: ein Licht, das nicht blendet, sondern begleitet und eine einzigartige Freude schenkt.

Angelus, 6. Januar 2017

Teilst du nur die Brosamen, stillst du nicht den Hunger

Es ist einfach, einen Teil des Profits abzugeben, ohne die Menschen zu umarmen, zu berühren, die diese »Brosamen« erhalten. Doch schon fünf Brotlaibe und zwei Fische reichen aus, den Hunger der Menge zu stillen, wenn wir damit unser ganzes Leben mit ihnen teilen. In der Logik des Evangeliums geben wir erst genug, wenn wir alles geben.

Ansprache, 4. Februar 2017

Kein Weiser ist in sich gefangen

Weisheit des Herzens bedeutet, aus sich selbst heraus- und auf den Mitmenschen zuzugehen. Unsere Welt vergisst manchmal den besonderen Wert der am Krankenbett verbrachten Zeit, weil man von der Eile, von der Hektik des Tuns, des Produzierens bedrängt ist und die Dimension der Unentgeltlichkeit vergisst, den Aspekt, den anderen zu umsorgen und sich seiner anzunehmen. Letztlich liegt hinter dieser Haltung oft ein halbherziger Glaube, der jenes Wort des Herrn vergessen hat, der sagt: »Das habt ihr mir getan« (*Mt* 25,40).

Botschaft zum Welttag der Kranken, 2015

Willst du Gott ähneln oder den Götzen, »die nicht sprechen«?

In *Psalm* 115 heißt es:

> »Die Götzen der Völker sind nur Silber und Gold,
> ein Machwerk von Menschenhand.
> Sie haben einen Mund und reden nicht,
> Augen und sehen nicht,
> sie haben Ohren und hören nicht,
> eine Nase und riechen nicht,
> mit ihren Händen können sie nicht greifen,
> mit den Füßen nicht gehen,
> sie bringen keinen Laut hervor aus ihrer Kehle!
> Die sie gemacht haben, sollen ihrem Machwerk
> gleichen,
> und alle, die den Götzen vertrauen!« (V. 4-8).

Der Psalmist stellt uns, auch auf etwas ironische Weise, die absolut oberflächliche Wirklichkeit dieser Götzen vor Augen. Und wir müssen verstehen, dass es sich nicht nur um Bilder aus Metall oder anderem Material handelt, sondern auch um jene, die wir in unserem

Geist herstellen, wenn wir begrenzten Wirklichkeiten vertrauen, die wir absolut setzen, oder wenn wir Gott auf unsere Entwürfe und auf unsere Vorstellungen von Göttlichkeit reduzieren: ein Gott, der uns ähnlich, verständlich, vorhersehbar ist, genau wie die Götzen, von denen im Psalm die Rede ist. Der Mensch, das Abbild Gottes, stellt sich einen Gott nach seinem eigenen Abbild her, und es ist auch noch ein schlecht gelungenes Abbild: Es hört nicht, es handelt nicht, und vor allem kann es nicht sprechen. Aber wir sind zufriedener damit, zu den Götzen zu gehen, als zum Herrn zu gehen …

Generalaudienz, 11. Januar 2017

Unsere Zwänge

Wir entfernen uns von der Liebe Gottes, wenn wir uns auf die zwanghafte Suche nach irdischen Gütern und Reichtümern begeben und so eine übertriebene Liebe zu diesen Wirklichkeiten an den Tag legen.

Jesus sagt uns, dass diese verkrampfte Suche trügerisch und ein Grund für das Unglück ist. Und er schenkt seinen Jüngern die grundlegende Lebensregel: »Euch aber muss es zuerst um das Reich Gottes gehen.« Es geht darum, den Plan zu verwirklichen, den Jesus in der *Bergpredigt* verkündigt hat, und sich daher Gott anzuvertrauen, der nicht enttäuscht – viele

Freunde oder viele von denen, die wir für Freunde hielten, haben uns enttäuscht. Gott enttäuscht nie! Es geht darum, sich als treue Verwalter der Güter einzusetzen, die er uns geschenkt hat, auch jener irdischen, doch ohne zu »übertreiben«, als hinge alles, auch unser Heil, allein von uns ab. Diese dem Evangelium entsprechende Haltung erfordert eine klare Entscheidung, die der heutige Abschnitt präzise zum Ausdruck bringt: »Ihr könnt nicht beiden dienen, Gott und dem Mammon« (*Mt* 6,24). Entweder der Herr oder die faszinierenden, jedoch trügerischen Götzen. Diese Entscheidung, die zu treffen wir aufgerufen sind, wirkt sich dann auf viele unserer Handlungen, Programme und Verpflichtungen aus. Es ist eine Entscheidung, die eindeutig zu treffen und ständig zu erneuern ist, da die Versuchungen, alles auf Geld, Vergnügen und Macht zu reduzieren, sehr bedrängend sind. Es gibt so viele derartige Versuchungen.

Angelus, 26. Februar 2017

Was ist wichtiger: Du oder deine Schönheit?

Der Hoffnung auf einen Herrn des Lebens, der mit seinem Wort die Welt erschaffen hat und unser Leben leitet, steht das Vertrauen auf stumme Götzenbilder entgegen. Die Ideologie mit ihrem Absolutheitsanspruch, der Reichtum – und das ist ein großer Götze –, die Macht, der Erfolg, die Eitelkeit mit ihrer Illusion von Ewigkeit und Allmacht, Werte wie physische Schönheit und Gesundheit: Wenn sie zu Götzen werden, denen alles geopfert wird, sind es alles Wirklichkeiten, die den Verstand und das Herz verwirren. Statt das Leben zu fördern, führen sie zum Tod. Es ist schlimm zu hören und schmerzt in der Seele, was ich einmal vor Jahren in der Diözese Buenos Aires gehört habe: Eine gute, sehr schöne Frau – sie brüstete sich mit ihrer Schönheit – sagte, als sei es ganz natürlich: »Nun ja, ich musste abtreiben, weil meine Figur sehr wichtig ist.« Das sind die Götzen, und sie führen dich auf den falschen Weg und machen dich nicht glücklich.

Die Botschaft des *Psalms* ist sehr deutlich. Wenn man die Hoffnung auf die Götzen setzt, wird man wie sie: hohle Bildnisse mit Händen, die nicht greifen, Füßen, die nicht gehen, Mündern, die nicht sprechen können. Man hat nichts mehr zu sagen, man wird unfähig zu helfen, die Dinge zu verändern, unfähig zu lächeln, sich hinzuschenken, unfähig zu lieben. Und auch wir Menschen der Kirche sind dieser Gefahr ausgesetzt, wenn wir uns »verweltlichen« lassen. Man muss in der Welt bleiben, sich jedoch schützen vor den Täuschungen der Welt, die jene Götzen sind, die ich erwähnt habe … Das ist die wunderbare Wirklichkeit der Hoffnung: Wenn man auf den Herrn vertraut, wird man wie er.

Generalaudienz, 11. Januar 2017

Trau nicht den Sicherheiten, die dir Wahrsager geben

In Buenos Aires musste ich einmal von einer Kirche zu einer anderen gehen, etwa tausend Meter. Ich ging zu Fuß. Und dazwischen liegt ein Park, und im Park standen ganz viele kleine Tische, an denen Wahrsager saßen. Es waren viele Menschen da, die sogar Schlange standen. Man hielt ihm die Hand hin, und er begann. Aber was er sagte, war immer dasselbe: Es gibt eine Frau in deinem Leben, ein Schatten kommt auf dich zu, aber alles wird gut gehen … Und dann bezahlte man. Und das gibt dir Sicherheit? Es ist die Sicherheit einer – gestattet mir das Wort – einer Dummheit. Zum Wahrsager oder zur Wahrsagerin gehen, die Karten lesen: Das ist ein Götze! Das ist ein Götze, und wenn wir sehr daran hängen, dann kaufen wir falsche Hoffnungen.

Generalaudienz, 11. Januar 2017

Wer korrupt ist, wird weder jetzt noch in Zukunft glücklich sein

Ich denke zum Beispiel an die Menschen, die Verantwortung haben für andere und sich bestechen lassen. Meint ihr, ein korrupter Mensch wird im Jenseits glücklich sein? Nein, die ganze Frucht seiner Bestechlichkeit hat sein Herz verdorben, und es wird schwierig sein, zum Herrn zu gehen. Ich denke an jene, die von Menschenhandel und von Sklavenarbeit leben. Meint ihr, dass diese Leute, die Menschenhandel treiben, die Menschen mit Sklavenarbeit ausbeuten, die Liebe Gottes im Herzen haben? Nein, sie haben keine Gottesfurcht und sind nicht glücklich. Sie sind es nicht. Ich denke an jene, die Waffen herstellen, um Kriege zu fördern. Denkt bloß, welch ein Gewerbe das ist. Ich bin sicher, wenn ich jetzt die Frage stelle: Wer von euch ist Waffenhersteller? Niemand, niemand. Die Waffenhersteller kommen nicht, um das Wort Gottes zu hören! Sie stellen den Tod her, sie sind Händler des Todes und treiben Handel mit dem Tod. Möge die Gottesfurcht sie verstehen lassen, dass eines Tages alles endet und dass sie vor Gott Rechenschaft ablegen müssen.

Generalaudienz, 11. Juni 2014

Er weiß es besser als wir …

Wir bitten den Herrn um Leben, Gesundheit, Liebe, Glück: Es ist richtig, das zu tun, aber im Bewusstsein, dass Gott Leben aus dem Tod hervorbringen kann, dass man Frieden auch in der Krankheit erfahren kann und dass es innere Ruhe auch in der Einsamkeit und Glückseligkeit in der Trauer geben kann. Wir können Gott nicht lehren, was er tun soll, was wir brauchen. Er weiß es besser als wir, und wir müssen darauf vertrauen, denn seine Wege und seine Gedanken sind anders als unsere.

Generalaudienz, 25. Januar 2017

Der Sauerteig und das schimmlige Evangelium

Noch vor der Erfindung der Kühlschränke gab man der Nachbarin ein wenig des eigenen Sauerteiges ab, damit die darin enthaltenen Hefepilze erhalten blieben, und wenn man wieder neues Brot machen wollte, dann bekam man von derselben Frau oder einer anderen, die den Teig ebenfalls von jemandem erhalten hatte, ein Stück des aufgegangenen Hefeteigs zurück. So funktioniert Gegenseitigkeit. Gemeinschaft bedeutet nicht nur *Teilen* von Gütern, sondern auch *Vermehrung* von Gütern, Herstellung von neuem Brot, von neuen Gütern, von etwas Gutem. Das lebendige Prinzip des Evangeliums bleibt nur dann aktiv, wenn wir es weitertragen, weil das Evangelium Liebe ist und Liebe bleibt nur erhalten, indem wir lieben, nicht indem wir Liebesromane schreiben oder Serien anschauen. Wenn wir jedoch aus Eifersucht alles für uns behalten, schimmelt und verdirbt es. Und das Evangelium kann tatsächlich verschimmeln. Die Wirtschaft einer Gemeinschaft ist nur dann nachhaltig, wenn man allen etwas abgibt und sie nicht nur »zu Hause« bleibt. Gebt jedem etwas ab, und als Erstes den armen und jungen Menschen, die es am meisten brauchen und bei denen die erhaltene Gabe Früchte tragen wird!

Um Leben im Überfluss zu haben, muss man lernen zu geben: nicht nur den Gewinn der Unternehmen, sondern euch selbst. Die erste Gabe des Unternehmens ist die eigene Person. Euer Geld ist, bei aller Wichtigkeit, zu wenig.

Ansprache, 4. Februar 2017

Sei Missionar der Freude auch in schwierigen Momenten

Der heilige Paulus zeigt uns im Brief an die Thessalonicher die Bedingungen auf, um »Missionare der Freude« zu sein: beten ohne Unterlass, immer Gott danken, fügsam seinem Geist folgen, das Gute suchen, das Böse meiden (vgl. *1 Thess* 5,17-22). Wenn das unser Lebensstil sein wird, dann wird die Frohe Botschaft in viele Häuser eintreten und den Menschen und Familien helfen können, neu zu entdecken, dass in Jesus das Heil ist. In Ihm ist es möglich, den inneren Frieden und die Kraft zu finden, um jeden Tag den verschiedenen Situationen des Lebens entgegenzutreten, auch den schwersten und schwierigsten. Man hat noch nie von einem traurigen Heiligen oder von einer Heiligen mit einem Gesicht wie bei einer Beerdigung gehört. Nie hat man so etwas gehört! Das wäre ein Widerspruch. Der Christ ist ein Mensch, dessen Herz von Frieden erfüllt ist, da er seine Freude auch dann in den Herrn zu setzen weiß, wenn er durch schwierige Momente in seinem Leben geht. Glauben haben bedeutet nicht, keine schwierigen Momente zu haben, sondern die Kraft zu besitzen, ihnen in dem Wissen zu begegnen, dass wir nicht allein sind. Und das ist der Friede, den Gott seinen Kindern schenkt.

Angelus, 14. Dezember 2014

VON FEHLERN ZUR VERGEBUNG

»Der Dialog
mit den eigenen Fehlern
ist etwas Gutes,
weil sie dich etwas lehren.«
31. März 2014

Wie willst du gerettet werden?

Auf welche Art und Weise will ich gerettet werden? Auf meine Weise? In der Art einer Spiritualität, die gut ist, die mir wohltut, aber die festgeschrieben ist, in der alles klar ist und es kein Risiko gibt? Oder auf die Art Gottes, also auf dem Weg Jesu, der uns immer überrascht, der uns immer die Tore öffnet hin zu jenem Geheimnis der göttlichen Allmacht, das in der Barmherzigkeit und in der Vergebung besteht?

Homilie in Santa Marta, 3. Oktober 2014

Aus meinen Fehlern lerne ich

Ich habe Fehler gemacht, ich mache Fehler … In der Bibel, im *Buch der Weisheit*, heißt es, dass der gerechteste Mensch sieben Mal am Tag Fehler macht! … Das soll bedeuten, dass alle Fehler machen … Man sagt, der Mensch sei das einzige Tier, das zweimal an derselben Stelle fällt, weil er nicht sofort aus seinen Fehlern lernt. Jemand kann sagen: »Ich habe keinen Fehler gemacht«, aber er verbessert sich nicht. Das führt dich zu Eitelkeit, zum Hochmut, zum Stolz … Ich glaube, dass die Fehler auch in meinem Leben große Lehrmeister des Lebens waren und sind. Große Lehrmeister: Sie lehren dich viel. Sie demütigen dich auch, denn man kann sich als Supermann, als Superfrau fühlen, und dann machst du einen Fehler, und das demütigt dich und das rückt dich wieder zurecht. Ich würde nicht sagen, dass ich aus allen meinen Fehlern gelernt habe: Nein, ich glaube, dass ich aus einigen nicht gelernt habe, weil ich dickköpfig bin und es nicht einfach ist zu lernen. Aber aus vielen Fehlern habe ich gelernt, und das hat mir gutgetan, es hat mir gutgetan. Und auch die Fehler anzuerkennen ist wichtig: Ich habe hier einen Fehler gemacht, ich habe dort einen Fehler gemacht, ich mache dort einen Fehler … Und auch aufzupassen, nicht immer wieder denselben Fehler zu begehen, wieder aus demselben Brunnen zu schöpfen …

Im Gespräch mit Jugendlichen, 31. März 2014

Jesus vergibt in einer Liebkosung

Gott vergibt nicht per Dekret, sondern mit einer Liebkosung. Und mit der Barmherzigkeit geht Jesus noch über das Gesetz hinaus und vergibt, indem er die Wunden unserer Sünden streichelt. Wie viele von uns würden doch verdienen, eine Strafe zu erhalten! Und sie wäre auch gerecht. Aber er vergibt! Wie? Mit dieser Barmherzigkeit, die die Sünde nicht auslöscht: es ist die Vergebung Gottes, die sie auslöscht, während die Barmherzigkeit noch darüber hinausgeht.

Es ist wie mit dem Himmel: Wir schauen den Himmel an, die vielen Sterne, aber wenn am Morgen die Sonne aufgeht, dann kann man vor lauter Licht die Sterne nicht mehr sehen. So ist die Barmherzigkeit Gottes: ein großes Licht der Liebe, der Zärtlichkeit.

Gott vergibt nicht per Dekret, sondern mit einer Liebkosung, indem er die Wunden unserer Sünden streichelt, denn er hat teil an der Vergebung, er hat teil an unserem Heil.

Jesus ist Beichtvater. Er demütigte die ehebrecherische Frau nicht, er sagt nicht zu ihr: Was hast du getan, wann hast du es getan, wie hast du es getan und mit wem hast du es getan? Er sagt stattdessen zu ihr, sie solle gehen und nicht mehr sündigen. Das ist die große Barmherzigkeit Gottes, die große Barmherzigkeit Jesu: uns zu vergeben, indem er uns liebkost.

Homilie in Santa Marta, 7. April 2014

Der Glaube lässt das Böse nicht verschwinden, aber er bietet einen Schlüssel zum Guten

Eine Krankheit, besonders wenn sie schwer ist, bedeutet stets eine Krise für die menschliche Existenz und wirft tiefschürfende Fragen auf. Im ersten Augenblick kann es Auflehnung sein: Warum gerade ich? Man könnte der Verzweiflung nachgeben und denken, dass alles verloren ist, dass jetzt nichts mehr einen Sinn hat … In solchen Situationen wird der Glaube an Gott einerseits auf die Probe gestellt, aber andererseits offenbart er zugleich sein ganzes positives Potenzial. Nicht weil der Glaube die Krankheit, den Schmerz oder die daraus entstehenden Fragen zum Verschwinden bringt, sondern weil er einen Schlüssel anbietet, mit dem wir den tieferen Sinn dessen entdecken können, was wir erleben. Ein Schlüssel, der uns erkennen hilft, dass die Krankheit Weg zu einer größeren Nähe zu Jesus sein kann, der mit dem Kreuz beladen an unserer Seite geht.

Botschaft zum Welttag der Kranken, 2016

Freude für die Ehebrecherin und die Sünderin

Wie viel Freude ist im Herzen dieser beiden Frauen, der Ehebrecherin (vgl. *Joh* 8) und der Sünderin (vgl. *Lk* 7,36-50), erweckt worden! Die Vergebung hat ihnen endlich das Gefühl vermittelt, frei und glücklich zu sein wie nie zuvor. Die Tränen der Scham und des Schmerzes haben sich in das Lächeln derer verwandelt, die wissen, dass sie geliebt werden. Die Barmherzigkeit erweckt *Freude*, weil sich das Herz der Hoffnung auf ein neues Leben öffnet. Die Freude über die Vergebung ist unbeschreiblich, leuchtet in uns aber jedes Mal auf, wenn wir Vergebung erfahren. Ihr Ursprung ist die Liebe, mit der Gott auf uns zukommt und den Kreis des Egoismus durchbricht, der uns umgibt, um uns unsererseits zu Werkzeugen der Barmherzigkeit zu machen.

Misericordia et misera, 3

Auf, nur Mut!

So sprach Jesaja, als er Jerusalem diese heutige Freude prophezeite: »Auf, werde licht!« Am Anfang eines jeden Tages können wir diese Einladung annehmen: *Auf, werde licht*, folge heute unter den vielen Sternschnuppen in der Welt dem leuchtenden Stern Jesu! Wenn wir ihm folgen, werden wir die Freude haben, wie dies den Sterndeutern geschah: »Als sie den Stern sahen, wurden sie von sehr großer Freude erfüllt« (*Mt* 2,10); denn *wo Gott ist, da ist Freude*. Wer Jesus begegnet ist, hat das Wunder des Lichts erfahren, das die Finsternis aufreißt, und kennt dieses Licht, das erleuchtet und hell werden lässt. Voller Respekt möchte ich alle einladen, keine Angst vor diesem Licht zu haben und sich dem Herrn zu öffnen. Vor allem denen, die die Kraft zum Suchen verloren haben, die müde sind und in denen die Sehnsucht erloschen ist, weil sie von den Dunkelheiten des Lebens überwältigt wurden, möchte ich sagen: Auf, nur Mut, das Licht Jesu kann das finsterste Dunkel besiegen. Auf, nur Mut!

Angelus, 6. Januar 2017

Besser rot als gelb

Und wir dürfen nicht müde werden, hinzugehen und um Vergebung zu bitten. Man mag sich schämen, die Sünden auszusprechen, aber unsere Mütter und unsere Großmütter haben gesagt, dass es besser ist, einmal rot zu werden als tausend Mal gelb. Man wird einmal rot, aber die Sünden werden uns vergeben, und es geht weiter.

Generalaudienz, 20. November 2013

Wann weint Jesus?

Jesus weint, wenn er das Drama dieses Widerstands sieht, auch wenn er unseren Widerstand sieht. Er weinte vor dem Grab des Lazarus; er weinte, als er Jerusalem ansah und sprach: »Du aber, du tötest die Propheten und steinigst die Boten, die zu dir gesandt sind. Wie oft wollte ich deine Kinder um mich sammeln, so wie eine Henne ihre Küken unter ihre Flügel nimmt!« Und er weinte auch angesichts dieses Dramas, sein Heil nicht anzunehmen, wie es der Vater will.

Homilie in Santa Marta, 3. Oktober 2014

Wir alle haben gefehlt, wir alle können uns ändern

Wir alle können Fehler machen, alle. Auf die eine oder andere Weise haben wir Fehler gemacht. Die Scheinheiligkeit lässt uns denken, dass eine Änderung des Lebens nicht möglich ist, man hat wenig Vertrauen in die Rehabilitation, in die Wiedereingliederung in die Gesellschaft. Auf diese Weise aber vergisst man, dass wir alle Sünder sind, und oft sind wir auch Gefangene, ohne dass wir uns dessen bewusst werden. Wenn man in seinen Vorurteilen eingeschlossen bleibt oder Sklave der Götzen eines falschen Wohlstands ist, wenn man sich innerhalb ideologischer Schablonen bewegt oder die Gesetze des Marktes verabsolutiert, welche die Menschen erdrücken, dann tut man in Wirklichkeit nichts anderes, als zwischen den engen Wänden der Zelle des Individualismus und der Selbstgenügsamkeit zu stehen und ist der Wahrheit beraubt, die Freiheit hervorbringt. Und mit dem Finger auf jemanden zu zeigen, der etwas falsch gemacht hat, kann kein Alibi dafür sein, um die eigenen Widersprüche zu verbergen.

Wir wissen nämlich, dass vor Gott sich niemand für gerecht halten kann (vgl. *Röm* 2,1-11). Niemand kann jedoch ohne die Gewissheit, Vergebung zu finden, leben!

Homilie, 6. November 2016

Lauf nicht in der Finsternis desjenigen, der sich selbst belügt

Was bedeutet in der Finsternis zu gehen? Wir alle haben dunkle Momente in unserem Leben, Zeiten, in denen, auch in unserem Gewissen, Dunkelheit herrscht, oder nicht? In der Finsternis gehen bedeutet, mit sich selbst zufrieden zu sein. Überzeugt zu sein, dass unsere Seele keiner Rettung bedarf. Das bedeutet Finsternis! Und wenn jemand diesem Weg weiter folgt, ist es nicht leicht, umzukehren. Daher fährt Johannes fort (vgl. *1 Joh* 1,5-2,2), vielleicht weil ihn das zum Nachdenken gebracht hat: »Wenn wir sagen, dass wir keine Sünde haben, führen wir uns selbst in die Irre und die Wahrheit ist nicht in uns.« Schaut auf eure Sünden, unsere Sünden: Wir alle sind Sünder, alle. Das ist der Ausgangspunkt.

Doch wenn wir unsere Sünden bekennen, ist Er treu und so gerecht, dass er uns unsere Sünden vergibt und uns von allem Unrecht reinigt … Wenn der Herr uns vergibt, schafft er Gerechtigkeit. Ja, er schafft Gerechtigkeit zunächst gegenüber sich selbst, denn er ist gekommen, um zu retten, und wenn er uns vergibt, schafft er Gerechtigkeit gegenüber sich selbst. »Ich bin dein Retter« und er empfängt uns …

»Wie ein Vater sich seiner Kinder erbarmt, so erbarmt sich der Herr über alle, die ihn fürchten« (vgl. *Ps* 103), über diejenigen, die zu Ihm kommen. Das Erbarmen des Herrn. Er versteht uns immer, selbst wenn wir nichts sagen: Er weiß alles. »Sei sorglos. Geh hin in Frieden«, in jenen Frieden, den nur Er uns gibt.

Homilie in Santa Marta, 29. April 2013

Das wahre Schlachtfeld ist dein Herz

Auch Jesus lebte in Zeiten der Gewalt. Er lehrte, dass das eigentliche Schlachtfeld, auf dem Gewalt und Frieden einander begegnen, das menschliche Herz ist: »Von innen, aus dem Herzen der Menschen, kommen die bösen Gedanken« (*Mk* 7,21). Doch die Botschaft Christi bietet angesichts dieser Realität die von Grund auf positive Antwort: Er verkündete unermüdlich die bedingungslose Liebe Gottes, der aufnimmt und verzeiht, und lehrte seine Jünger, die Feinde zu lieben (vgl. *Mt* 5,44) und *»die andere Wange«* hinzuhalten (vgl. *Mt* 5,39). Als er die Ankläger der Ehebrecherin daran hinderte, sie zu steinigen (vgl. *Joh* 8,1-11), und als er in der Nacht vor seinem Tod Petrus gebot, sein Schwert wieder in die Scheide zu stecken (vgl. *Mt* 26,52), zeichnete Jesus den Weg der Gewaltfreiheit vor, den er bis zum

Schluss gegangen ist – bis zum Kreuz, durch das er den Frieden verwirklicht und die Feindschaft getötet hat. Wer die Frohe Botschaft Jesu annimmt, weiß daher die Gewalt, die er in sich trägt, zu erkennen und lässt sich von der Barmherzigkeit Gottes heilen. So wird er selbst ein Werkzeug der Versöhnung, entsprechend dem Aufruf des heiligen Franz von Assisi: »Wenn ihr mit dem Mund den Frieden verkündet, so versichert euch, ob ihr ihn auch, ja noch mehr, in eurem Herzen habt!«

Botschaft zur Feier des Weltfriedenstages, 2017

Stehendes Wasser wird modrig

Wir alle wissen, dass stehendes Wasser modrig wird. Im Spanischen gibt es ein Sprichwort, das lautet: »Stehendes Wasser ist das erste, das verdirbt.« Nicht stehen bleiben. Wir müssen gehen, jeden Tag einen Schritt machen, mit der Hilfe des Herrn. Gott ist Vater, er ist Barmherzigkeit, er liebt uns immer … Gott hat Erinnerung, er ist nicht vergesslich. Gott vergisst uns nicht, er erinnert sich immer. In einem Abschnitt der Bibel, beim Propheten *Jesaja*, heißt es: *Selbst wenn eine Mutter ihren leiblichen Sohn vergessen würde – und das ist unmöglich –, ich vergesse dich nicht* (vgl. *Jes* 49,15). Und das ist wahr: Gott denkt an mich, Gott erinnert sich an mich. Ich bin im Gedächtnis Gottes.

Ansprache, 5. Juli 2014

Das Unglück der Rachsüchtigen

Wenn wir nach dem Gesetz »Auge um Auge, Zahn um Zahn« leben, dann kommen wir nie aus der Spirale des Bösen heraus. Der Teufel ist schlau und macht uns vor, dass wir mit unserer menschlichen Gerechtigkeit uns und die Welt retten können. In Wirklichkeit kann uns allein die Gerechtigkeit Gottes retten! Und die Gerechtigkeit Gottes hat sich am Kreuz offenbart: Das Kreuz ist das Urteil Gottes über uns alle und über diese Welt. Wie aber urteilt Gott über uns? Indem er sein Leben für uns hingibt! Ja, das ist der höchste Akt der Gerechtigkeit, der ein für alle Mal den Fürsten dieser Welt besiegt hat; und dieser höchste Akt der Gerechtigkeit ist gleichzeitig auch der höchste Akt der Barmherzigkeit. Jesus ruft uns alle auf, diesem Weg zu folgen: »Seid barmherzig, wie es auch euer Vater ist!« (*Lk* 6,36). Ich bitte euch um etwas, jetzt. In Stille wollen wir alle nachdenken … Jeder denke an einen Menschen, mit dem er nicht gut steht, auf den er zornig ist, den er nicht gern hat. Denken wir an jenen Menschen und beten wir in Stille, in diesem Augenblick, für diese Person und werden wir barmherzig gegenüber diesem Menschen.

Angelus, 15. September 2013

Auch unser Feind ist ein Mensch

»Liebt eure Feinde und betet für die, die euch verfolgen« (*Mt* 6,44). Und das ist nicht leicht. Dieses Wort darf nicht als Billigung des vom Feind zugefügten Übels missverstanden werden, sondern ist als Aufforderung zu einer höheren Perspektive zu verstehen, zu einer großmütigen Perspektive, die jener des himmlischen Vaters ähnlich ist. Er, so sagt Jesus, »lässt seine Sonne aufgehen über Bösen und Guten, und er lässt regnen über Gerechte und Ungerechte« (V. 45). Denn auch der Feind ist ein Mensch, der als solcher nach dem Bild Gottes geschaffen ist, auch wenn dieses Bild gegenwärtig durch ein unwürdiges Verhalten getrübt wird.

Wenn wir von »Feinden« sprechen, dürfen wir nicht an irgendwelche Personen denken, die anders und fern von uns sind; wir sprechen auch von uns selbst, die wir mit unserem Nächsten in Konflikt geraten können, bisweilen mit unseren Familienangehörigen. Wie viele Feindseligkeiten gibt es in Familien, wie viele! Denken wir daran. Feinde sind auch jene, die schlecht über uns reden, die uns verleumden und uns Unrecht antun. Und es ist nicht leicht, das wegzustecken. Wir sind dazu aufgerufen, all diesen mit dem Guten zu antworten, das seine eigenen, von der Liebe inspirierten Strategien hat.

Angelus, 19. Februar 2017

Schöpfe Mut,
trete durch seine enge Tür ein

Lebe auf, schöpfe Mut, um durch Jesu Tür einzutreten. Alle sind eingeladen, durch diese Tür zu gehen, durch die Tür des Glaubens zu gehen, in sein Leben einzutreten und ihn in unser Leben eintreten zu lassen, damit er es verwandle, erneuere, ihm erfüllte und dauerhafte Freude schenke.

Heutzutage gehen wir an so vielen Türen vorbei, die einladen hineinzugehen und die ein Glück versprechen, von dem wir dann merken, dass es nur einen flüchtigen Augenblick dauert, dass es sich in sich selbst erschöpft und keine Zukunft hat. Doch ich frage euch: Wir – durch welche Tür wollen wir eintreten? Und wen wollen wir durch die Tür unseres Lebens eintreten lassen? Ich möchte es kraftvoll sagen: Haben wir keine Angst, durch die Tür des Glaubens an Jesus zu gehen, ihn immer mehr in unser Leben eintreten zu lassen, aus unseren Egoismen herauszugehen, aus unserer Verschlossenheit, aus unserer Gleichgültigkeit gegenüber den anderen. Denn Jesus erhellt unser Leben mit einem Licht, das nicht mehr verlischt. Es ist kein Feuerwerk, es ist kein Lichtblitz! Nein, es ist ein ruhiges Licht, das für immer dauert und uns Frieden schenkt. So ist das Licht, auf das wir treffen, wenn wir durch die Tür Jesu hineingehen. Gewiss, die Tür Jesu ist eng, nicht aber weil sie eine Folterkammer wäre. Nein, nicht deshalb! Sondern weil Er uns auffordert, Ihm unser Herz zu öffnen, uns als Sünder zu erkennen, die des Heils, seiner Vergebung, seiner Liebe bedürfen, die Demut zu haben, seine Barmherzigkeit anzunehmen und uns von Ihm erneuern zu lassen.

Angelus, 25. August 2013

Rüge nicht den anderen, zeig ihm seinen Wert

Bisweilen versuchen wir, einen Sünder zu korrigieren oder zu bekehren, indem wir ihn rügen und ihm wegen seiner Fehler und seines unrechten Verhaltens Vorwürfe machen. Die Haltung Jesu gegenüber Zachäus zeigt uns einen anderen Weg: den Weg, jemandem, der einen Fehler macht, seinen Wert zu zeigen, jenen Wert, den Gott trotz allem, trotz all seiner Fehler immer sieht. Das kann eine positive Überraschung hervorrufen, die an das Herz rührt und den Menschen dazu drängt, das Gute herauszuholen, das er in sich hat.

Wenn man den Menschen Vertrauen schenkt, lässt sie dies wachsen und sich ändern. So verhält sich Gott mit uns allen: Er ist nicht durch unsere Sünde blockiert, sondern er überwindet sie mit Liebe und lässt uns die Sehnsucht nach dem Guten verspüren. Wir alle haben nach einem Fehler diese Sehnsucht nach dem Guten verspürt. Und so handelt Gott, unser Vater, so handelt Jesus. Es gibt keinen Menschen, der nicht etwas Gutes hat. Und auf das blickt Gott, um ihn aus dem Bösen herauszuholen.

Angelus, 30. Oktober 2016

Wir alle tragen Reichtum und Bürde unserer eigenen Geschichte

Wir dürfen nicht vergessen, dass jeder den Reichtum und die Bürde der eigenen Geschichte mit sich trägt, die ihn von jeder anderen Person unterscheidet. Unser Leben mit seinen Freuden und Leiden ist etwas Einmaliges und Unwiederholbares, das unter dem barmherzigen Blick Gottes verläuft. Dies erfordert, vor allem seitens des Priesters, eine aufmerksame, tiefe und weitsichtige geistliche Unterscheidung, damit niemand ausgeschlossen wird, in welcher Situation er auch lebt, und jeder sich von Gott konkret angenommen fühlen, aktiv am Leben der Gemeinde teilhaben und in jenes Volk Gottes eingegliedert werden kann, das unermüdlich auf die Fülle des Reiches Gottes, des Reichs der Gerechtigkeit und Liebe, der Vergebung und Barmherzigkeit, hin unterwegs ist.

Misericordia et misera, 14

Wie, denkst du, sieht der Weg deines Heils aus?

Wie denke ich, dass der Weg meines Heils aussieht: Ist es derjenige Jesu oder ein anderer? Bin ich frei, das Heil anzunehmen, oder verwechsle ich die Freiheit mit der Autonomie und will mein eigenes Heil, das, von dem ich meine, dass es das richtige sei? Glaube ich, dass Jesus der Meister ist, der uns das Heil lehrt, oder gehe ich herum, um Gurus anzuheuern, die mich ein anderes Heil lehren? Ein sicherer Weg, oder flüchte ich mich unter das Dach der Vorschriften und der vielen Gebote, die der Mensch gemacht hat? Und fühle ich mich so sicher und erkaufe mit dieser – es ist etwas hart, das auszusprechen – Sicherheit mein Heil, das Jesus mir unentgeltlich schenkt, mit der Unentgeltlichkeit Gottes?

Homilie in Santa Marta, 3. Oktober 2014

Sei mutig und geh zur Beichte!

Auch die Scham ist gut, es ist gesund, etwas Scham zu empfinden, denn sich schämen ist heilsam. Wenn ein Mensch keine Scham empfindet, dann sagen wir in meinem Land, dass er ein »schamloser« Mensch ist: ein Mensch *sin verguenza*. Aber auch die Scham tut wohl, denn sie macht uns demütiger, und der Priester nimmt mit Liebe und mit Zärtlichkeit diese Beichte entgegen und vergibt im Namen Gottes. Auch vom menschlichen Gesichtspunkt her, um sein Herz auszuschütten, ist es gut, mit dem Bruder zu sprechen und dem Priester diese Dinge zu sagen, die mein Herz so schwer machen. Und man spürt, dass man sein Herz vor Gott ausschüttet, mit der Kirche, mit dem Bruder. Habt keine Angst vor der Beichte! Wenn man ansteht, um zu beichten, spürt man all diese Dinge, auch die Scham, aber dann, nach der Beichte, geht man frei heraus, groß, schön, versöhnt, rein, glücklich. Das ist das Schöne an der Beichte! Ich möchte euch fragen – sagt es aber nicht mit lauter Stimme, jeder möge in seinem Herzen antworten –: Wann hast du zum letzten Mal gebeichtet? Jeder denke darüber nach … War es vor zwei Tagen, vor zwei Wochen, vor zwei Jahren, vor 20 Jahren, vor 40 Jahren? Jeder möge nachrechnen, aber ein jeder sage sich: Wann habe ich zum letzten Mal gebeichtet? Und wenn viel Zeit vergangen ist, dann verliere keinen Tag mehr, geh hin, denn der Priester wird gütig sein. Jesus ist da, und Jesus ist gütiger als die Priester, Jesus nimmt dich an, er nimmt dich sehr liebevoll an. Sei mutig und geh zur Beichte!

Generalaudienz, 19. Februar 2014

Die Herde und der Wolf

Jesus kommt aus einer ungerechten Gerichtsverhandlung, aus einem grausamen Verhör und schaut Petrus in die Augen – und Petrus weint. Wir bitten, dass er uns anschaue, dass wir uns anschauen lassen und weinen können und dass er uns die Gnade schenke, Scham zu empfinden, damit wir ihm – wie Petrus vierzig Tage danach – antworten können: »Du weißt, dass ich dich liebe«, und seine Stimme hören: »Nimm deinen Weg wieder auf und weide meine Schafe« – und ich füge hinzu: »Und lass nicht zu, dass ein Wolf in die Herde eindringt!«

Homilie in Santa Marta, 7. Juli 2014

DAS HUNDERTFACHE UND DIE EWIGKEIT

»Der Christ verliert niemals den Frieden, wenn er wirklich Christ ist.«

14. Dezember 2014

Ich habe etwas Angst, ihn kommen zu sehen ... Jedes Mal, wenn wir mit unserem Tod oder dem Tod eines geliebten Menschen konfrontiert sind, spüren wir, dass unser Glaube auf die Probe gestellt wird. All unsere Zweifel treten zutage, unsere ganze Schwäche, und wir fragen uns: »Wird es denn wirklich ein Leben nach dem Tod geben ...? Werde ich die Menschen, die ich geliebt habe, wiedersehen und umarmen können ...?«

Diese Frage hat mir eine Frau vor einigen Tagen in einer Audienz gestellt und dabei Zweifel zum Ausdruck gebracht: »Werde ich meinen Angehörigen begegnen?« Auch wir müssen im gegenwärtigen Kontext zur Wurzel und zu den Grundlagen unseres Glaubens zurückkehren, um uns bewusst zu machen, wie viel Gott in Christus Jesus für uns gewirkt hat und was unser Tod bedeutet. Alle haben wir etwas Angst wegen der Ungewissheit des Todes. Ich erinnere mich an einen guten alten Mann, der sagte: »Ich habe keine Angst vor dem Tod. Ich habe etwas Angst, ihn kommen zu sehen.« Davor hatte er Angst.

Generalaudienz, 1. Februar 2017

Wir sind Erben großer Träume

Der Lobgesang Simeons ist der Gesang des gläubigen Mannes, der am Ende seiner Tage sagen kann: Es ist wahr, die Hoffnung auf Gott lässt nie zugrunde gehen (vgl. *Röm* 5,5), Er enttäuscht niemals. Simeon und Hanna sind in ihrem Alter zu einer neuen Fruchtbarkeit fähig, und sie bezeugen es singend: Das Leben verdient, voll Hoffnung gelebt zu werden, denn der Herr hält sein Versprechen. Und Jesus selbst sollte später dieses Versprechen in der Synagoge von Nazareth erklären: Auch die Kranken, die Gefangenen, die Einsamen, die Armen, die Alten, die Sünder sind eingeladen, denselben Gesang der Hoffnung anzustimmen. Jesus ist bei ihnen, er ist bei uns (vgl. *Lk* 4,18-19).

Dieses Lied der Hoffnung haben wir als Erbe von

unseren Vorfahren erhalten. Sie haben uns in diese »Dynamik« eingeführt. In ihren Gesichtern, in ihrem Leben, in ihrer täglichen und gleichbleibenden Hingabe konnten wir sehen, wie dieser Lobpreis zu Fleisch wurde. Wir sind Erben der Träume unserer Vorfahren, Erben der Hoffnung, die unsere Gründerinnen und Gründer und unsere Brüder und Schwestern vor uns nicht enttäuscht hat. Wir sind Erben aller Menschen, die den Mut zum Träumen hatten. Und wie sie, so wollen auch wir heute singen: Gott enttäuscht nicht, die Hoffnung auf Ihn trügt nicht. Gott kommt seinem Volk entgegen.

Homilie, 2. Februar 2017

Die Herausforderung des Übergangs

Der *Moment des Todes*. Die Kirche hat diesen dramatischen Übergang stets im Licht der Auferstehung Jesu Christi gelebt, der den Weg für die Gewissheit des künftigen Lebens aufgetan hat. Wir haben hier eine große Herausforderung anzunehmen, vor allem in der zeitgenössischen Kultur, die häufig zu einer Banalisierung des Todes neigt und zwar so weit, dass sie ihn zu einer reinen Fiktion werden lässt oder ihn verdrängt. Der Tod muss hingegen als schmerzlicher und unausweichlicher Übergang angegangen und vorbereitet werden, in dem dennoch Sinn steckt: Es ist der Sinn des äußersten Aktes der Liebe gegenüber den Menschen, die man zurücklässt, und gegenüber Gott, dem man entgegengeht. In allen Religionen wird der Moment des Todes wie jener der Geburt religiös begleitet. Wir erfahren die *Exequien* als hoffnungsvolles Gebet für die Seele des Verstorbenen und als Spendung von Trost für jene, die unter dem Abschied eines geliebten Menschen leiden.

Misericordia et misera, 15

Wir alle haben ein Lebensende. Wie wird deines aussehen?

Die Hoffnung ist ein wenig wie Hefe, die deine Seele groß werden lässt. Es gibt schwierige Augenblicke im Leben, aber mit der Hoffnung schreitet die Seele voran und blickt auf das, was uns erwartet. Heute ist ein Tag der Hoffnung.

Unsere Brüder und Schwestern sind in der Gegenwart Gottes und auch wir werden dort sein, aus reiner Gnade des Herrn, wenn wir den Weg Jesu gehen. Der Apostel Johannes schließt: »Jeder, der dies von ihm erhofft, heiligt sich« (vgl. 1 *Joh* 3,3). Auch die Hoffnung reinigt uns, macht uns leichter; diese Reinigung in der Hoffnung auf Jesus Christus lässt uns bereitwillig eilen. Heute, kurz vor dem Sonnenuntergang am

Ende dieses Tages, kann jeder von uns an das Ende seines Lebens denken: »Wie wird mein Lebensende aussehen?« Wir alle werden ein Lebensende haben, jeder! Blicke ich mit Hoffnung darauf? Betrachte ich es mit der Freude, vom Herrn aufgenommen zu werden? Das ist ein christlicher Gedanke, der uns Frieden schenkt. Heute ist ein Tag der Freude, aber einer zuversichtlichen, ruhigen Freude, der Freude des Friedens. Denken wir an das Lebensende so vieler Brüder und Schwestern, die uns vorausgegangen sind, denken wir an unsere letzte Stunde, wenn sie kommt. Und denken wir an unser Herz und fragen wir uns: »Wo ist mein Herz verankert?« Wenn es nicht gut verankert ist, dann verankern wir es dort, an jenem Ufer, wissend, dass die Hoffnung nicht enttäuscht, weil der Herr niemals enttäuscht.

Homilie, 1. November 2013

Achtung! Niemand kann Macht oder Eitelkeit ins Jenseits mitnehmen

Wenn ein Mensch im Bösen lebt, wenn er Gott lästert, wenn er die anderen ausbeutet, wenn er sie tyrannisiert, wenn er nur für das Geld, für die Eitelkeit oder die Macht oder den Stolz lebt, dann versetzt uns die heilige Gottesfurcht in Alarmbereitschaft: Achtung! Mit all dieser Macht, mit all diesem Geld, mit all deinem Stolz, mit all deiner Eitelkeit wirst du nicht glücklich sein. Niemand kann das Geld oder die Macht oder die Eitelkeit oder den Stolz ins Jenseits mitnehmen. Nichts! Wir können nur die Liebe mitnehmen, die Gott, der Vater, uns schenkt, die Liebkosungen Gottes, von uns liebevoll angenommen und empfangen. Und wir können das mitnehmen, was wir für die anderen getan haben. Gebt acht, die Hoffnung nicht auf das Geld, auf den Stolz, auf die Macht, auf die Eitelkeit zu setzen, denn all das kann uns nichts Gutes verheißen!

Generalaudienz, 11. Juni 2014

Windhauch, Windhauch

»Windhauch, Windhauch, das ist alles Windhauch« (*Koh* 1,2). Die Jugendlichen sind gegenüber der Sinn- und Werteleere, die sie oft umgibt, besonders empfänglich. Und leider zahlen sie die Konsequenzen. Dagegen erfüllt die Begegnung mit dem lebendigen Jesus in seiner großen Familie, der Kirche, das Herz mit Freude, weil er es mit wahrem Leben erfüllt, mit einem tiefen Gut, das nicht vergeht und nicht verdirbt: Wir haben es auf den Gesichtern der Jugendlichen in Rio gesehen. Doch diese Erfahrung muss der täglichen Eitelkeit entgegentreten, jenem Gift der Leere, das in unsere Gesellschaft eindringt, die auf dem Profit und dem

Besitz gründen, die die Jugendlichen mit Konsum täuschen. Das Evangelium des heutigen Sonntags ruft uns gerade die Absurdität in Erinnerung, sein Glück auf den Besitz zu gründen. Der Reiche sagt zu sich selbst: Meine Seele, nun hast du einen großen Vorrat … Ruh dich aus, iss und trink, und freu dich des Lebens! Doch Gott sagt zu ihm: Du Narr! Noch in dieser Nacht wird man dein Leben von dir zurückfordern. Wem wird dann all das gehören, was du angehäuft hast? (vgl. *Lk* 12,19-20). Liebe Brüder und Schwestern, der wahre Reichtum ist die mit den Brüdern geteilte Liebe Gottes. Jene Liebe, die von Gott kommt und dafür sorgt, dass wir sie untereinander teilen und uns gegenseitig helfen. Wer diese Erfahrung macht, fürchtet den Tod nicht und empfängt den Frieden des Herzens.

Angelus, 4. August 2013

Was ist dieses Reich Gottes, dieses Himmelreich?

Was ist dieses *Reich Gottes*, dieses *Himmelreich*? Es handelt sich um gleichbedeutende Begriffe. Wir denken sofort an etwas, das das Jenseits betrifft: das ewige Leben. Gewiss, das ist wahr, das Reich Gottes wird sich ohne Grenzen über das irdische Leben hinaus erstrecken, doch die erfreuliche Nachricht, die uns Jesus bringt – und die Johannes vorwegnimmt –, lautet, dass wir das Reich Gottes nicht erst in der Zukunft erwarten müssen: Es hat sich genähert, in gewisser Weise ist es schon gegenwärtig, und wir können bereits jetzt seine geistliche Macht erfahren. »Das Reich Gottes ist mitten unter euch!«, wird Jesus sagen. Gott kommt, um seine Herrschaft in unserer Geschichte, im Heute eines jeden Tages, in unserem Leben zu errichten; und wo es gläubig und demütig angenommen wird, erblühen Liebe, Freude und Friede.

Angelus, 4. Dezember 2016

Wir werden wie Engel sein

In dieser Welt leben wir von vorläufigen Wirklichkeiten, die ein Ende nehmen. Im Jenseits dagegen, nach der Auferstehung, werden wir nicht mehr den Tod als Horizont haben und alles, auch die menschlichen Bindungen, in der Dimension Gottes in verklärter Weise leben. Auch die Ehe, Zeichen und Werkzeug der Liebe Gottes in dieser Welt, wird verwandelt und in vollem Licht in der glorreichen Gemeinschaft der Heiligen im Paradies erglänzen.

Die »Kinder des Himmels und der Auferstehung« sind nicht wenige privilegierte, sondern alle Männer und alle Frauen, da das von Jesus gebrachte Heil für einen jeden von uns ist. Und das Leben der Auferstandenen wird dem der Engel gleich sein (vgl.

Lk 20,36), das heißt: ganz eingetaucht ins Licht Gottes, ganz seinem Lobpreis gewidmet, in einer Ewigkeit voll Freude und Frieden. Doch Vorsicht! Die Auferstehung besteht nicht allein in der Tatsache des Auferstehens nach dem Tod, sondern sie ist eine neue Art des Lebens, in dessen Erfahrung wir bereits im Heute kommen. Sie ist der Sieg über das Nichts, den wir bereits im Vorhinein verkosten können. Die Auferstehung ist das Fundament des Glaubens und der christlichen Hoffnung!

Angelus, 6. November 2016

Deine Fülle sei in Gott selbst

In und um Ijob war es dunkel. Er stand wirklich vor der Tür des Todes. Und in jenem Augenblick der Angst, des Schmerzes und des Leids verkündet Ijob die Hoffnung. »Doch ich, ich weiß: mein Erlöser lebt, als Letzter erhebt er sich über dem Staub! […] Ihn selber werde ich dann für mich schauen; meine Augen werden ihn sehen, nicht mehr fremd« (*Ijob* 19,25.27) … Ein Friedhof ist traurig, er erinnert uns an unsere Lieben, die von uns gegangen sind. Er erinnert uns auch an die Zukunft, an den Tod; aber in diese Traurigkeit bringen wir Blumen als Zeichen der Hoffnung und auch, so kann ich sagen, als Zeichen des Festes, aber später, nicht jetzt. Und die Traurigkeit mischt sich mit der Hoffnung. Das ist es, was wir alle spüren: das Gedenken an unsere Lieben vor ihren sterblichen Überresten und die Hoffnung. Aber wir spüren auch, dass diese Hoffnung uns hilft, denn auch wir müssen diesen Weg gehen. Wir alle werden diesen Weg gehen, früher oder später, aber wir alle müssen ihn gehen. Mit Schmerz, mit mehr oder weniger Schmerz, aber wir alle müssen ihn gehen. Doch mit der Blume der Hoffnung, mit diesem starken Band, das im Jenseits verankert ist. Denn dieser Anker trügt nicht: die Hoffnung der Auferstehung. Und der, der diesen Weg als Erster gegangen ist, das ist Jesus. Wir gehen den Weg, den Er gegangen ist… »Ich weiß: mein Erlöser lebt, als Letzter erhebt er sich über dem Staub. […] Ihn selber werde ich dann für mich schauen; meine Augen werden ihn sehen, nicht mehr fremd.«

Homilie, 2. November 2016

Sei heilig, wo immer du sein magst!

Einige meinen, Heiligkeit bedeute, die Augen zu schließen und ein Gesicht aufzusetzen wie auf einem Heiligenbildchen. Nein! Das ist nicht die Heiligkeit! Heiligkeit ist etwas Größeres, etwas Tieferes, das Gott uns schenkt. Im Gegenteil, gerade dadurch, dass wir in der Liebe leben und im täglichen Tun unser christliches Zeugnis ablegen, sind wir berufen, heilig zu werden. Und zwar jeder in der Situation und in dem Lebensstand, in dem er sich befindet.

Bist du ein geweihter Mann, bist du eine geweihte Frau? Sei heilig und lebe deine Hingabe und deinen Dienst mit Freude.

Bist du verheiratet?
Sei heilig, indem du für deinen Ehemann oder deine Ehefrau sorgst, wie Christus es mit der Kirche getan hat.

Bist du getauft und unverheiratet?
Sei heilig, indem du aufrichtig und kompetent deine Arbeit tust und dem Dienst an den Brüdern und Schwestern Zeit widmest.

»Aber Pater, ich arbeite in einer Fabrik; ich arbeite als Buchhalter, immer mit Zahlen, da kann man doch nicht heilig sein ...«
»Doch, das kann man! Dort, wo du arbeitest, kannst du heilig werden. Gott schenkt dir die Gnade, heilig zu werden. Gott teilt sich dir mit.«

Man kann immer und an jedem Ort heilig werden, das heißt, man kann sich öffnen für jene Gnade, die in uns wirkt und uns zur Heiligkeit führt.

Bist du Vater oder Mutter, Großvater oder Großmutter? Sei heilig, indem du deine Kinder oder Enkel mit Leidenschaft lehrst, Jesus kennenzulernen und ihm nachzufolgen. Und man braucht viel Geduld, um ein guter Vater, ein guter Großvater, eine gute Mutter, eine gute Großmutter zu sein. Man braucht viel Geduld, und in dieser Geduld kommt die Heiligkeit: indem man Geduld übt.

Bist du Katechet, Erzieher oder ehrenamtlicher Helfer? Sei heilig, indem du zum sichtbaren Zeichen der Liebe Gottes und seiner Gegenwart unter uns wirst.

Ja, jeder Lebensstand führt zur Heiligkeit, immer! Bei dir zu Hause, auf der Straße, am Arbeitsplatz, in der Kirche, zu jedem Augenblick und in jedem Lebensstand steht der Weg zur Heiligkeit offen. Lasst euch nicht entmutigen, diesen Weg zu gehen. Gott selbst schenkt uns die Gnade. Nur darum bittet der Herr: dass wir in Gemeinschaft mit Ihm stehen und den Brüdern und Schwestern dienen.

Generalaudienz, 19. November 2014

Wer glaubt nicht an die Auferstehung?

Leider hat man oft versucht, den Glauben an die Auferstehung Jesu zu trüben, und auch bei den Gläubigen selbst haben sich Zweifel eingeschlichen. Ein bisschen »Rosenwasser«-Glaube, wie wir sagen, ein verwässerter Glaube: Das ist kein starker Glaube. Und das aus Oberflächlichkeit, manchmal aus Gleichgültigkeit, beschäftigt mit tausend Dingen, die man für wichtiger hält als den Glauben, oder aus einer nur horizontalen Sichtweise des Lebens heraus. Aber gerade die Auferstehung öffnet uns auf die größere Hoffnung hin, weil sie unser Leben und das Leben der Welt auf die ewige Zukunft Gottes hin öffnet, auf die vollkommene Glückseligkeit, auf die Gewissheit, dass das Böse, die Sünde, der Tod überwunden werden können. Und das führt dazu, die täglichen Wirklichkeiten mit mehr Vertrauen zu leben, ihnen mit Mut und Einsatz zu begegnen. Die Auferstehung Christi erleuchtet diese täglichen Wirklichkeiten mit einem neuen Licht. Die Auferstehung Christi ist unsere Kraft!

Generalaudienz, 3. April 2013

Geh auf die Tür zu!

Sie ist ein Helm: Das ist es, was die christliche Hoffnung ist. Wenn von Hoffnung die Rede ist, können wir geneigt sein, sie im herkömmlichen Sinne des Wortes zu verstehen, also in Bezug auf etwas Schönes, das wir uns wünschen, das aber eintreten kann oder nicht. Wir hoffen, dass es geschieht; es ist gleichsam ein Wunsch.

Man sagt zum Beispiel: »Ich hoffe, dass morgen schönes Wetter sein wird!« Aber wir wissen, dass das Wetter am nächsten Tag auch schlecht sein kann ... Die christliche Hoffnung ist nicht so. Die christliche Hoffnung ist die Erwartung von etwas, das bereits erfüllt ist; die Tür ist dort, und ich hoffe, dass ich zur Tür gelange. Was muss ich tun? Auf die Tür zugehen! Ich bin sicher, dass ich die Türe erreiche. Das ist die christliche Hoffnung: die Gewissheit, auf etwas zuzugehen, das bereits erfüllt ist, und nicht etwas, das ich mir wünsche.

Generalaudienz, 1. Februar 2017

Wir alle werden uns dort oben befinden

Wir werden jedoch durch die Offenbarung belehrt, dass Gott eine neue Wohnstätte und eine neue Erde bereitet, auf der die Gerechtigkeit wohnt, deren Seligkeit jede Sehnsucht nach Frieden in den Herzen der Menschen erfüllt und übertrifft. Zu diesem Ziel strebt die Kirche hin; es ist, wie es in der Bibel heißt, das »neue Jerusalem«, das »Paradies«. Weniger um einen Ort handelt es sich, vielmehr um einen »Zustand« der Seele, in dem unsere tiefsten Erwartungen überreich erfüllt sein werden und unser Dasein als Geschöpfe und Kinder Gottes zur vollen Reife gelangen wird. Wir werden endlich vollständig und grenzenlos mit der Freude, dem Frieden und der Liebe Gottes bekleidet sein und Ihn schauen von Angesicht zu Angesicht! Es ist schön, daran zu denken, an den Himmel zu denken. Wir alle werden uns dort oben befinden, alle. Es ist schön, es gibt der Seele Kraft.

Generalaudienz, 26. November 2014

Die Langsamkeit des Reiches

Die Entscheidung für Gott und sein Reich zeigt nicht immer unmittelbar ihre Früchte. Es ist eine Entscheidung, die man in der Hoffnung trifft und die Gott ihre volle Verwirklichung überlässt. Die christliche Hoffnung ist auf die künftige Erfüllung der Verheißung Gottes ausgerichtet und macht vor keiner Schwierigkeit halt, da sie auf der Treue Gottes gründet, derer es nie mangelt. Er ist treu, er ist ein treuer Vater, er ist ein treuer Freund, er ist ein treuer Verbündeter.

Angelus, 26. Februar 2017

Nur die Armen wissen wirklich zu hoffen

Wenn eine Frau merkt, dass sie schwanger ist, dann lernt sie jeden Tag, in der Erwartung zu leben, den Blick dieses Kindes zu sehen, das kommen wird. So müssen auch wir leben und aus den menschlichen Erwartungen lernen und in der Erwartung leben, den Herrn zu schauen, dem Herrn zu begegnen. Das ist nicht leicht, aber man lernt es: in der Erwartung leben.

Hoffen heißt und setzt voraus: ein demütiges Herz, ein armes Herz zu haben. Nur ein armes Herz weiß in der Erwartung zu leben. Wer bereits mit sich selbst und seinem Besitz erfüllt ist, kann sein Vertrauen auf niemand anderen setzen als auf sich selbst.

Generalaudienz, 1. Februar 2017

Verbraucht das Öl der Hoffnung nicht

Die christliche Hoffnung ist nicht einfach nur eine Sehnsucht, ein Wunsch, sie ist kein Optimismus: Für einen Christen ist die Hoffnung Erwartung, große, leidenschaftliche Erwartung der letzten und endgültigen Erfüllung eines Geheimnisses, des Geheimnisses der Liebe Gottes, in der wir neu geboren sind und bereits leben.

Und es ist die Erwartung, dass jemand bald kommt: Es ist Christus, der Herr, der uns immer näher kommt, Tag für Tag, und er kommt, um uns endlich in die Fülle seiner Gemeinschaft und seines Friedens einzuführen.

Die Kirche hat also die Aufgabe, die Lampe der Hoffnung angezündet und gut sichtbar zu erhalten, damit sie weiter als sicheres Zeichen des Heils leuchten und der ganzen Menschheit den Weg erhellen kann, der zur Begegnung mit dem barmherzigen Antlitz Gottes führt.

Generalaudienz, 15. Oktober 2014

Sei ein Vorgeschmack der ewigen Freuden des Himmels

Die feste Überzeugung, von Gott geliebt zu sein, steht im Mittelpunkt eurer Berufung: für andere ein berührbares Zeichen der Gegenwart des Reiches Gottes zu sein, ein Vorgeschmack der ewigen Freuden des Himmels. Nur wenn unser Zeugnis freudig ist, werden wir Männer und Frauen für Christus interessieren. Und diese Freude ist ein Geschenk und wird durch das Gebetsleben, durch die Betrachtung des Wortes Gottes, durch die Feier der Sakramente und durch das Gemeinschaftsleben, das sehr wichtig ist, genährt.

Wenn diese fehlen, werden Schwächen und Schwierigkeiten aufkommen, die unsere Freude trüben, welche wir zu Beginn unseres Ordenslebens so gut kannten.

Ansprache, 16. August 2014

Ruhe in seinen Händen

Fest im Herrn zu bleiben, in dieser Gewissheit, dass er uns nicht verlässt, seinen Weg voll Hoffnung zu gehen, zu arbeiten, um eine bessere Welt aufzubauen, trotz der Schwierigkeiten und traurigen Ereignisse, die das persönliche und gemeinschaftliche Leben zeichnen, ist das, was wirklich zählt; das zu tun ist die christliche Gemeinschaft aufgerufen, um dem »Tag des Herrn« entgegenzugehen …

Im Evangelium mahnt uns Jesus, in Geist und Herz die sichere Gewissheit zu haben, dass Gott unsere Geschichte führt und das letzte Ziel der Dinge und Ereignisse kennt. Unter dem barmherzigen Blick des Herrn spielt sich die Geschichte in ihrem ungewissen Fluss und in ihrem Flechtwerk des Guten und des Bösen ab. Doch alles, was geschieht, wird in Ihm bewahrt; unser Leben kann nicht verloren gehen, da es in seinen Händen ruht.

Angelus, 13. November 2016

In christlicher Sicht besteht die Unterscheidung nicht darin, wer schon oder noch nicht tot ist, sondern wer in Christus ist und wer nicht

Es ist schön zu erkennen, dass eine grundlegende Kontinuität und Gemeinschaft besteht zwischen der Kirche, die im Himmel ist, und jener, die noch auf Erden pilgert. Denn jene, die bereits vor Gottes Angesicht leben, können uns stützen und für uns Fürsprache halten, für uns beten. Andererseits sind auch wir stets aufgefordert, das Opfer guter Werke, des Gebets und der Eucharistie darzubringen, um das Leid der Seelen zu lindern, die noch auf die ewige Seligkeit warten. Ja, denn in christlicher Sicht besteht die Unterscheidung nicht darin, wer schon oder noch nicht tot ist, sondern wer in Christus ist und wer nicht! Das ist das maßgebliche, wirklich entscheidende Element für unser Heil und unsere Seligkeit.

Generalaudienz, 26. November 2014

Was erwartet uns?

Diese Vision des Himmels, die wir in der ersten Lesung gehört haben, ist sehr schön: Gott, der Herr, die Schönheit, die Güte, die Wahrheit, die Zärtlichkeit, die vollkommene Liebe. Das alles erwartet uns. Jene, die uns vorausgegangen und im Herrn gestorben sind, sind dort. Sie verkünden, dass sie nicht aufgrund ihrer Werke gerettet worden sind – sie haben auch Gutes getan –, sondern dass sie vom Herrn gerettet wurden: »Die Rettung kommt von unserem Gott, der auf dem Thron sitzt, und von dem Lamm« (*Offb* 7,10).

Er ist es, der uns rettet; Er ist es, der uns am Ende unseres Lebens an der Hand nimmt wie ein Vater und uns in jenen Himmel bringt, wo unsere Vorfahren sind. Einer der Ältesten stellt eine Frage: »Wer sind diese, die weiße Gewänder tragen, und woher sind sie gekommen?« (V. 13).

Wer sind diese Gerechten, diese Heiligen, die im Himmel sind? Die Antwort lautet: »Es sind die, die aus der großen Bedrängnis kommen; sie haben ihre Gewänder gewaschen und im Blut des Lammes weiß gemacht« (V. 14). Wir können den Himmel nur durch das Blut des Lammes, durch das Blut Christi betreten. Das Blut Christi ist es, das uns gerechtfertigt hat, das uns die Tore des Himmels geöffnet hat. Und wenn wir heute dieser unserer Brüder und Schwestern gedenken, die uns im Leben vorausgegangen und jetzt im Himmel sind, dann weil sie im Blut Christi gewaschen worden sind.

Das ist unsere Hoffnung: die Hoffnung des Blutes Christi! Eine Hoffnung, die nicht enttäuscht wird. Wenn wir im Leben unseren Weg mit dem Herrn gehen, enttäuscht Er niemals!

Homilie, 1. November 2013

Erwarten wir den Bräutigam!

Das ist es also, was wir erwarten: dass Jesus wiederkehrt! Die Kirche als Braut erwartet ihren Bräutigam! Wir müssen uns jedoch ganz ehrlich fragen: Sind wir wirklich leuchtende und glaubwürdige Zeugen dieser Erwartung, dieser Hoffnung? Lebt unsere Gemeinschaft noch im Zeichen der Gegenwart des Herrn Jesus und in der freudigen Erwartung seiner Wiederkunft oder scheint sie müde dahinzudämmern unter der Last der Mühe und der Resignation? Laufen auch wir Gefahr, das Öl des Glaubens und das Öl der Freude zu verbrauchen? Seien wir achtsam!

Generalaudienz, 15. Oktober 2014

Jeder Akt sei ein Same, der im Garten Gottes aufgeht

Wenn es keinen Bezug zum Paradies und zum ewigen Leben gäbe, dann würde das Christentum auf eine Ethik verkürzt, auf eine Lebensphilosophie. Die Botschaft des christlichen Glaubens kommt dagegen vom Himmel, sie wurde von Gott offenbart und übersteigt diese Welt. Der Glaube an die Auferstehung ist wesentlich, damit jeder unserer Akte christlicher Liebe nicht vorübergehend und bloßer Selbstzweck sei, sondern ein Same werde, der dazu bestimmt ist, im Garten Gottes aufzugehen und Früchte ewigen Lebens hervorzubringen.

Die Jungfrau Maria, Königin des Himmels und der Erde, stärke uns in der Hoffnung auf die Auferstehung und stehe uns bei, das in unseren Herzen ausgesäte Wort ihres Sohnes in guten Werken Frucht tragen zu lassen.

Angelus, 6. November 2016

Alles verwandelt sich, und deine Freude wird vollkommen sein

Alles verwandelt sich: die Wüste blüht, Trost und Freude durchdringen die Herzen. Diese Zeichen verwirklichen sich in Jesus. Er selbst sagt es, als er den von Johannes dem Täufer gesandten Boten antwortet. Was sagt Jesus zu diesen Boten? »Blinde sehen wieder, und Lahme gehen; Aussätzige werden rein, und Taube hören; Tote stehen auf« (*Mt* 11,5).

Nicht Worte, sondern Tatsachen zeigen, wie das von Jesus gebrachte Heil das ganze Menschsein ergreift und neu schafft. Gott ist in die Geschichte eingetreten, um uns von der Knechtschaft der Sünde zu befreien; er hat sein Zelt mitten unter uns aufgeschlagen, um unser Dasein zu teilen, unsere Wunden zu heilen, unsere Verletzungen zu verbinden und uns das neue Leben zu schenken. Die Freude ist die Frucht dieses Eingreifens des Heils und der Liebe Gottes.

Wir sind aufgerufen, uns in das Gefühl des Jubels einbeziehen zu lassen. Dieser Jubel, diese Freude … Doch ein Christ, der nicht freudig ist – etwas fehlt diesem Christen, oder er ist kein Christ! Die Freude des Herzens, die Freude im Innern, die uns vorwärtsbringt und Mut schenkt. Der Herr kommt, er kommt in unser Leben als Befreier, er kommt, um uns von allen inneren und äußeren Knechtschaften zu befreien. Er ist es, der den Weg der Treue, der Geduld und der Beständigkeit weist, damit unsere Freude bei seiner Wiederkunft vollkommen sein wird.

Angelus, 11. Dezember 2016

Der »Lebensgrundsatz« des sehnsuchtsvollen Gläubigen

Die heilige Sehnsucht nach Gott entspringt in einem gläubigen Herzen, da es weiß, dass das Evangelium nicht ein Ereignis der Vergangenheit, sondern der Gegenwart ist. Die heilige Sehnsucht nach Gott erlaubt uns, die Augen angesichts aller Versuche, das Leben in seiner Größe klein oder armselig zu machen, offen zu halten. Die heilige Sehnsucht nach Gott ist die gläubige Erinnerung, die sich gegen viele Unglückspropheten erhebt. Dies ist die Sehnsucht, welche die Hoffnung der gläubigen Gemeinde lebendig hält, die Woche für Woche betet: »Komm, Herr Jesus!«

Genau diese Sehnsucht war es, die den greisen Simeon drängte, täglich in den Tempel zu gehen im sicheren Wissen, dass sein Leben nicht zu Ende gehen würde, ehe er den Erlöser in seinem Arm gehalten habe. Diese Sehnsucht war es, die den verlorenen Sohn drängte, die zerstörerische Haltung aufzugeben und die Arme seines Vaters zu suchen. Diese Sehnsucht war es, die der Hirte in seinem Herzen spürte, als er die 99 Schafe zurückließ, um das verlorene zu suchen. Und dies erfuhr auch Maria Magdalena am Ostermorgen, als sie zum Grab eilte und ihrem auferstandenen Meister begegnete.

Die Sehnsucht nach Gott führt uns heraus aus unseren deterministischen Abgrenzungen, die uns glauben machen, dass sich nichts ändern könne. Die Sehnsucht nach Gott ist die Haltung, welche die langweiligen Konformismen aufbricht und uns drängt, uns für jene Veränderung einzusetzen, die wir erhoffen und brauchen. Die Sehnsucht nach Gott hat ihre Wurzeln in der Vergangenheit, aber sie bleibt dort nicht stehen: Sie macht sich auf die Suche nach der Zukunft.

Der »sehnsuchtsvolle« Gläubige, der durch seinen Glauben angetrieben wird, macht sich bei der Suche nach Gott wie die Sterndeuter auf zu den entlegensten Orten der Geschichte, denn er weiß in seinem Herzen, dass ihn dort sein Herr erwartet.

Homilie, 6. Januar 2017

Bleib festgeklammert am Ankertau

Wir haben in der zweiten Lesung gehört, was der Apostel Johannes zu seinen Jüngern sagt: »Seht, wie groß die Liebe ist, die der Vater uns geschenkt hat: Wir heißen Kinder Gottes und wir sind es. Die Welt erkennt uns nicht... Jetzt sind wir Kinder Gottes. Aber was wir sein werden, ist noch nicht offenbar geworden. Wir wissen, dass wir ihm ähnlich sein werden, wenn er offenbar wird; denn wir werden ihn sehen, wie er ist« (*1 Joh* 3,1-2). Gott sehen, Gott ähnlich sein: das ist unsere Hoffnung. Und gerade heute, am Tag der

Heiligen und vor dem Tag der Toten, ist es notwendig, ein wenig an die Hoffnung zu denken: diese Hoffnung, die uns auf dem Lebensweg begleitet. Die ersten Christen stellten die Hoffnung als Anker dar, so als sei das Leben der Anker, der an das Ufer des Himmels geworfen wurde, wir alle uns auf dem Weg zu jenem Ufer befinden würden und uns dabei am Ankertau festklammerten. Das ist ein schönes Bild der Hoffnung: das Herz dort verankert haben, wo unsere Vorfahren sind, wo die Heiligen sind, wo Jesus ist, wo Gott ist. Das ist die Hoffnung, die niemals zugrunde gehen lässt; heute und morgen sind Tage der Hoffnung.

Homilie, 1. November 2013

Deine einzige Traurigkeit: kein Heiliger zu sein. Dein einziges Elend: kein Kind Gottes zu sein

Die Armut Christi, die uns reich macht, ist seine Menschwerdung, dass er unsere Schwächen, unsere Sünden auf sich nimmt und uns so an der unendlichen Barmherzigkeit Gottes teilhaben lässt. Die Armut Christi ist der größte Reichtum: Jesus ist reich durch sein grenzenloses Vertrauen auf Gott den Vater, dadurch, dass er sich in jedem Moment Ihm anvertraut und dabei stets und ausschließlich Seinen Willen und Seine Ehre im Sinn hat. Er ist reich, wie es ein Kind ist, das sich geliebt fühlt und seine Eltern liebt und keinen Augenblick an ihrer Liebe und Zuwendung zweifelt. Der Reichtum Jesu ist seine *Sohnschaft*; seine einzigartige Beziehung zum Vater stellt das unumschränkte Vorrecht dieses armen Messias dar. Wenn Jesus uns dazu aufruft, sein »leichtes Joch« auf uns zu nehmen, dann fordert er uns damit auf, uns mit dieser seiner »reichen Armut« und seinem »armen Reichtum« zu bereichern, seinen Geist der Sohnschaft und der Brüderlichkeit mit ihm zu teilen, Söhne und Töchter im Sohn, Brüder und Schwestern im erstgeborenen Bruder zu werden (vgl. *Röm* 8,29).

Nach Léon Bloy gibt es nur eine einzige wahre Traurigkeit: kein Heiliger zu sein. Wir könnten auch sagen, dass es nur ein einziges wahres Elend gibt: nicht als Kinder Gottes und als Brüder und Schwestern Christi zu leben.

Botschaft zur Fastenzeit, 2014

IV

WER BETET, WIRD HEIL ERFAHREN

DAS GEBET MACHT DEN MENSCHEN VOLLKOMMEN

»Wir müssen dem Geist Raum schenken,
damit er uns Rat geben kann.
Und Raum schenken bedeutet beten,
beten, auf dass Er komme
und uns stets helfen möge.«
7. Mai 2014

Warum Papst Franziskus glücklich ist …

Frage eines Jugendlichen: Jeder in dieser Welt ist auf der Suche nach Glück. Wir haben uns jedoch gefragt: Sind Sie eigentlich glücklich? Und wenn ja, warum?

Papst Franziskus: Natürlich, natürlich bin ich glücklich. Ich bin glücklich, weil … Ich weiß nicht, warum. Vielleicht, weil ich Arbeit habe, statt arbeitslos zu sein. Ich habe Arbeit, eine Arbeit als Hirte! Ich bin glücklich, weil ich meinen Weg in diesem Leben gefunden habe, und diesem Weg zu folgen macht mich glücklich. Mein Glück ist ein stilles Glück, denn in meinem Alter empfindet man Glück anders als in der Jugend, da gibt es einen Unterschied. Ein gewisser innerer Friede, ein großer Friede, ein Glück, das erst mit dem Alter kommt. Und auch mit einem Weg, der immer mit Problemen verbunden war; auch jetzt gibt es Probleme, aber mein Glück geht durch diese Probleme nicht verloren, nein: Es sieht die Probleme, es durchleidet sie und schreitet dann weiter voran; es tut etwas, um sie zu lösen und geht voran. Aber tief in meinem Herzen bleiben dieser Friede und dieses Glück gegenwärtig. Ich empfinde das als Gnade Gottes. Eine Gnade, kein eigenes Verdienst.

Papst Franziskus im Gespräch mit Jugendlichen, 31. März 2014

Es gibt so viele Formen des Gebets wie Menschen selbst

Wie viele verschiedene Formen gibt es, für unseren Nächsten zu beten! Sie alle sind gleich viel wert und gottgefällig, wenn sie von Herzen kommen. Ich denke dabei insbesondere an die Mütter und Väter, die ihre Kinder morgens und abends segnen. Noch immer gibt es in einigen Familien diesen Brauch. Sein Kind zu segnen ist ein Gebet. Ich denke dabei ebenso an das

Gebet für Kranke, wenn wir an ihrem Krankenbett für sie beten; an die stille Fürbitte, manchmal unter Tränen, in vielen schwierigen Situationen, in denen es zu beten gilt.

Generalaudienz, 30. November 2016

Bete durch deine Taten

Gestern kam ein anständiger junger Mann zur heiligen Messe nach Santa Marta, ein Unternehmer. Dieser Mann sah sich aus finanziellen Gründen gezwungen, seine Fabrik zu schließen, und er sagte unter Tränen: »Ich bringe es nicht übers Herz, mehr als 50 Familien ohne Arbeit zurückzulassen. Ich könnte für das Unternehmen Konkurs anmelden: Ich ginge nach Hause mit meinem Geld, aber mein Herz würde mein ganzes Leben lang um diese 50 Familien trauern.« Derjenige ist ein guter Christ, der durch seine Taten betet. Dieser Mann ist in die heilige Messe gekommen, um zu beten, damit der Herr ihm einen Ausweg zeige – nicht nur für ihn, sondern für die 50 Familien. Dies ist ein Mann, der zu beten versteht, mit dem Herzen und durch seine Taten. Er versteht es, für seinen Nächsten zu beten. Er befindet sich in einer schwierigen Lage. Und er sucht nicht nach dem einfachsten Ausweg nach dem Motto: »Die werden schon irgendwie damit klarkommen.« Er ist ein Christ. Es hat mir gutgetan, ihn zu hören! Vielleicht gibt es ja noch andere ganz ähnliche Menschen, heute, wo so viele unter Arbeitslosigkeit leiden.

Generalaudienz, 30. November 2016

Das aufrichtige christliche Gebet sagt: »Vater«

Jesus sagt, der Vater im Himmel »weiß, was ihr braucht, noch bevor ihr ihn darum bittet«. »Vater«, dies ist der Schlüssel des Gebets. Ohne das Wort auszusprechen, ohne es zu fühlen, kann man nicht beten … Zu wem bete ich? Zum allmächtigen Gott? Er ist zu weit weg. Ihn spüre ich nicht, auch Jesus spürte ihn nicht. Zu wem bete ich? Zu einem kosmischen Gott? Ein wenig banal in unserer heutigen Zeit, oder nicht? Den kosmischen Gott anzubeten. Diese polytheistische Art, die mit einer oberflächlichen Kultur einhergeht.

Es geht darum, zu »unserem« Vater zu beten, der dich geschaffen hat, der dir das Leben geschenkt hat, dir, mir …, der dich auf deinem Weg begleitet, der dein ganzes Leben kennt, dein ganzes; der weiß, was gut ist, und auch das, was nicht so gut ist. Er weiß alles … Wenn wir unser Gebet nicht mit diesem Wort beginnen, das wir nicht mit unseren Lippen formen, sondern das aus unserem Herzen kommt, verstehen wir nicht, wie Christen zu beten.

Homilie in Santa Marta, 20. Juni 2013

Lass den Heiligen Geist in dir beten

Ich denke auch an ein Dankgebet für eine gute Nachricht, die ein Freund, ein Verwandter, ein Kollege erhalten hat: »Danke, Herr, für dieses Geschenk!« Auch das bedeutet, für die anderen zu beten! Dem Herrn zu danken, wenn die Dinge gut laufen. Denn manchmal wissen wir nicht, »worum wir in rechter Weise beten sollen; der Geist selber tritt jedoch für uns ein mit Seufzen, das wir nicht in Worte fassen können«, sagt der heilige Paulus (*Röm* 8,26). Der Geist ist es, der in uns betet. Öffnen wir also unser Herz, damit der Heilige Geist die Wünsche erforsche, die tief in unserem Innern ruhen, um sie zu läutern und zu erfüllen. Doch jederzeit wollen wir für uns und für die anderen beten, dass Gottes Wille geschehe, wie im *Vaterunser*. Denn sein Wille ist mit Gewissheit das größte Gut, das Gut eines Vaters, der uns nie verlässt: Beten und den Heiligen Geist in uns beten lassen. Und das ist das Schöne im Leben: Bete dankend, Gott preisend, bittend, weinend, wenn es Schwierigkeiten gibt. Halte das Herz stets offen für den Heiligen Geist, damit er in uns, mit uns und für uns bete.

Generalaudienz, 30. November 2016

Bete zum Vater von uns allen und liebe alle

Ist Gott nur mein Vater? Nein, er ist unser aller Vater, denn ich bin kein Einzelkind. Niemand von uns ist ein Einzelkind. Wenn ich weder Bruder noch Schwester sein kann, ist es schwer möglich, Tochter oder Sohn dieses Vaters zu werden, denn er ist ganz sicher mein Vater, aber ebenso auch der Vater der anderen, meiner Geschwister … Wenn ich nicht im Frieden mit meinen Geschwistern bin, kann ich ihn nicht Vater heißen. So lässt sich erklären, warum Jesus, nachdem er uns das *Vaterunser* gelehrt hat, sofort sagt: »Wenn ihr dem anderen seine Schuld vergebt, vergibt auch euer Vater im Himmel euch; aber wenn ihr dem anderen nicht vergebt, vergibt auch euer Vater eure Schuld nicht.« …

Das ist schwierig. Ja, schwierig, nicht einfach. Aber Jesus hat uns den Heiligen Geist versprochen. Er lehrt uns, wie wir in unserem Inneren, aus dem Herzen heraus, »Vater« und »unser« sagen, indem wir mit all unseren Feinden Frieden schließen.

Homilie in Santa Marta, 20. Juni 2013

Durch das Gebet schaffen wir Raum

Wir kommen immer wieder auf dasselbe Thema zurück: das Gebet! Das Gebet ist am allerwichtigsten. Beten mit den Gebeten, die wir seit unserer Kindheit kennen, aber auch mit unseren eigenen Worten. Den Herrn bitten: »Herr, hilf mir, gib mir Rat, was soll ich tun?« Und durch das Gebet schaffen wir Raum, damit der Heilige Geist komme und uns in jenem Augenblick helfen, uns Rat geben möge bei allem, was wir tun müssen. Das Gebet! Vergesst das Gebet nicht! Nie! Niemand, niemand merkt es, wenn wir im Bus oder auf der Straße beten. Lasst uns in der Stille des Herzens beten. Nutzen wir diese Augenblicke, um zu beten, zu beten, auf dass der Geist uns die Gabe des Rates schenken möge.

Generalaudienz, 7. Mai 2014

Lerne, was du dem Herrn sagen sollst

Jesus lehrt uns: der Vater weiß alles. Macht euch keine Sorgen, der Vater lässt es regnen über Gerechte und Ungerechte, lässt die Sonne scheinen über Gerechte und Sünder. Ich hätte gerne, dass wir alle uns von heute an fünf Minuten am Tag die Bibel vornehmen und langsam Psalm 103 beten … »Lobe den Herrn, meine Seele, und alles in mir seinen heiligen Namen! Und vergiss nicht, was er dir Gutes getan hat: der dir all deine Schuld vergibt und all deine Gebrechen heilt, der dein Leben vor dem Untergang rettet und dich mit Huld und Erbarmen krönt.« Betet den ganzen Psalm.

Und dadurch lernen wir die Dinge, die wir dem Herrn sagen müssen, wenn wir um Gnade bitten.

Homilie in Santa Marta, 1. Juli 2013

Nicht was mir gefällt, sondern woran Er Gefallen findet

In inniger Verbundenheit mit Gott und im Hören auf sein Wort lassen wir nach und nach von unserer persönlichen Logik ab, die meistens von unserer Reserviertheit, unseren Vorurteilen und unserem Ehrgeiz geleitet wird, und lernen vielmehr, Gott zu fragen: Was ist dein Wunsch? Was ist dein Wille? Was gefällt dir? Auf diese Weise reift in uns ein tiefer, fast wesensgleicher Einklang im Heiligen Geist heran und wir erfahren, wie wahr die Worte Jesu sind, die im Evangelium nach Matthäus wiedergegeben sind: »Macht euch keine Sorgen, wie und was ihr reden sollt; denn es wird euch in jener Stunde eingegeben, was ihr sagen sollt. Nicht ihr werdet dann reden, sondern der Geist eures Vaters wird durch euch reden« (*Mt* 10,19-20).

Generalaudienz, 7. Mai 2014

Familien, die gemeinsam beten

Ich möchte euch, liebe Familien, fragen: Betet ihr manchmal gemeinsam? Von einigen weiß ich es. Doch viele fragen mich: Wie sollen wir das tun? Nun, man tut es zunächst wie der Zöllner: demütig vor Gott. Jeder lässt sich in Demut vom Herrn anschauen und erbittet seine Güte. Aber in der Familie, wie genau geht das da? Denn das Gebet erscheint uns als etwas Persönliches, und ein passender, ruhiger Moment dafür scheint in der Familie immer zu fehlen. Ja, das stimmt, aber es ist auch eine Frage der Demut, zu bekennen, dass wir Gott brauchen, wie der Zöllner! Und ich sage euch, liebe Familien – wir haben Gott nötig: alle, alle! Wir brauchen seine Hilfe, seine Kraft, seinen Segen, seine Barmherzigkeit, seine Vergebung. Und es erfordert Einfachheit. Um in der Familie zu beten, genügt schon etwas ganz Einfaches. Gemeinsam am Tisch das *Vaterunser* zu beten, ist nicht kompliziert. Das ist leicht. Und gemeinsam in der Familie den Rosenkranz beten ist sehr schön und gibt viel Kraft! Und auch füreinander beten: der Ehemann für seine Frau, die Frau für ihren Mann, beide für ihre Kinder, die Kinder für ihre Eltern, für ihre Großeltern … Füreinander beten. Das ist Beten in der Familie, und das Gebet stärkt die Familie.

Homilie, 22. Oktober 2013

GEBETE VON PAPST FRANZISKUS FÜR EIN ERFÜLLTES LEBEN

»Das mag vielleicht etwas seltsam klingen,
aber beten ist ein wenig wie Gott belästigen,
damit er uns zuhört.«
6. Dezember 2013

Das Gebet der Jünger, wie es Jesus Christus lehrte

Vater unser im Himmel,
geheiligt werde dein Name,
dein Reich komme,
dein Wille geschehe,
wie im Himmel so auf Erden.

Unser tägliches Brot gib uns heute,
und vergib uns unsere Schuld,
wie auch wir vergeben unsern Schuldigern,
und führe uns nicht in Versuchung,
sondern erlöse uns von dem Bösen.

Amen.

Psalm des Glücks eines von Gottes Segen erfüllten Mannes

(zitiert vom Heiligen Vater Franziskus zu Beginn seines nachsynodalen apostolischen Schreibens *Amoris laetitia*)

»Wohl dem Mann, der den Herrn fürchtet und
ehrt
und der auf seinen Wegen geht!
Was deine Hände erwarben, kannst du genießen;
wohl dir, es wird dir gut ergehen.
Wie ein fruchtbarer Weinstock ist deine Frau
drinnen in deinem Haus.
Wie junge Ölbäume sind deine Kinder
rings um deinen Tisch.
So wird der Mann gesegnet,
der den Herrn fürchtet und ehrt.
Es segne dich der Herr vom Zion her.
Du sollst dein Leben lang das Glück Jerusalems
schauen

und die Kinder deiner Kinder sehen.
Frieden über Israel!«

Psalm 128,1-6

Psalm für alle, die lernen wollen, was sie Gott sagen sollen

(Papst Franziskus lädt dazu ein, ihn jeden Tag langsam zu lesen)*

Lobe den Herrn, meine Seele,
und alles in mir seinen heiligen Namen!
Lobe den Herrn, meine Seele,
und vergiss nicht, was er dir Gutes getan hat:

der dir all deine Schuld vergibt
und all deine Gebrechen heilt,
der dein Leben vor dem Untergang rettet
und dich mit Huld und Erbarmen krönt,
der dich dein Leben lang mit seinen Gaben sättigt;
wie dem Adler wird dir die Jugend erneuert.

Der Herr vollbringt Taten des Heiles,
Recht verschafft er allen Bedrängten.
Er hat Mose seine Wege kundgetan,
den Kindern Israels seine Werke.
Der Herr ist barmherzig und gnädig,

* Vgl. dazu *Homilie in Santa Marta*, S. 173

langmütig und reich an Güte.
Er wird nicht immer zürnen,
nicht ewig im Groll verharren.
Er handelt an uns nicht nach unsern Sünden
und vergilt uns nicht nach unsrer Schuld.

Denn so hoch der Himmel über der Erde ist,
so hoch ist seine Huld über denen, die ihn
fürchten.
So weit der Aufgang entfernt ist vom Untergang,
so weit entfernt er die Schuld von uns.
Wie ein Vater sich seiner Kinder erbarmt,
so erbarmt sich der Herr über alle, die ihn fürchten.
Denn er weiß, was wir für Gebilde sind;
er denkt daran: Wir sind nur Staub.

Des Menschen Tage sind wie Gras,
er blüht wie die Blume des Feldes.
Fährt der Wind darüber, ist sie dahin;
der Ort, wo sie stand, weiß von ihr nichts mehr.
Doch die Huld des Herrn währt immer
und ewig für alle, die ihn fürchten und ehren;
sein Heil erfahren noch Kinder und Enkel;
alle, die seinen Bund bewahren,
an seine Gebote denken und danach handeln.

Der Herr hat seinen Thron errichtet im Himmel,
seine königliche Macht beherrscht das All.
Lobt den Herrn, ihr seine Engel,
ihr starken Helden, die seine Befehle vollstrecken,
seinen Worten gehorsam!

Lobt den Herrn, all seine Scharen,
seine Diener, die seinen Willen vollziehen!
Lobt den Herrn, all seine Werke,
an jedem Ort seiner Herrschaft!
Lobe den Herrn, meine Seele!

Psalm 103

Gebet der Umkehr

Herr,
ich habe mich täuschen lassen,
auf tausenderlei Weise bin ich vor deiner Liebe
geflohen,
doch hier bin ich wieder,
um meinen Bund mit dir zu erneuern.
Ich brauche dich.
Kaufe mich wieder frei,
nimm mich noch einmal auf in deine erlösenden
Arme.

Evangelii gaudium, 2

Bitte für uns, Maria, Pilger in der Zeit

Danke, o heilige Mutter des Gottessohnes Jesus!
Heilige Mutter Gottes!
Danke für deine Demut,
die den Blick Gottes auf sich gezogen hat;
danke für den Glauben, mit dem du sein Wort angenommen hast;
danke für den Mut, mit dem du gesagt hast: »Ich bin bereit«,
dich selbst vergessend, fasziniert von der heiligen Liebe,
ganz eins mit seiner Hoffnung.
Danke, o heilige Mutter Gottes!
Bitte für uns, Pilger in der Zeit!
Hilf uns, auf dem Weg des Friedens zu gehen.
Amen!

Angelus, 1. Januar 2017

Mutter, unterstütze die zuversichtliche Erwartung unseres Herzens

O Maria, unsere Mutter,
die du in Christus jeden von uns als Sohn oder Tochter annimmst,
unterstütze die zuversichtliche Erwartung unseres Herzens,
steh uns bei in Krankheit und Leid,

führe uns zu Christus, deinem Sohn und unserem Bruder,
und hilf uns, dass wir uns dem Vater anvertrauen,
der Großes vollbringt.

Botschaft zum Welttag der Kranken, 2017

Wenn wir vor dich treten werden

(*Gebet für die Verstorbenen* von P. Antonio Rungi, gelesen von Papst Franziskus während des *Angelus*)

Unendlich barmherziger Gott,
deiner unermesslichen Güte empfehlen wir alle,
die diese Welt für die Ewigkeit verlassen haben,
wo du die ganze Menschheit erwartest,
erlöst durch das kostbare Blut Christi,
deines Sohnes, der gestorben ist als Lösegeld für unsere Sünden.

Schau nicht, o Herr, auf unsere vielen menschlichen Armseligkeiten,
unser Elend und unsere Schwächen,
wenn wir vor dein Gericht treten werden,
um den Richtspruch zu Glückseligkeit oder Verdammnis zu empfangen.
Lass deinen erbarmungsvollen Blick auf uns ruhen,
der der Zärtlichkeit deines Herzens entspringt,
und hilf uns, den Weg

vollständiger Läuterung zu beschreiten.
Keines deiner Kinder soll
im ewigen Feuer der Hölle verloren gehen,
wo es keine Reue mehr geben kann.
Dir, o Herr, empfehlen wir die Seelen unserer Lieben, der Menschen, die ohne den sakramentalen Trost gestorben sind
oder nicht einmal am Ende ihres Lebens
die Gelegenheit zur Reue gefunden haben.

Keiner soll die Begegnung mit Dir
nach der irdischen Pilgerschaft fürchten,
in der Hoffnung, in den Armen
deiner unendlichen Barmherzigkeit Aufnahme zu finden.

Der leibliche Tod, unsere Schwester, finde uns wachsam im Gebet
und beladen mit all dem Guten, das wir im Lauf unseres kurzen oder langen Daseins getan haben.
Herr, nichts halte uns von Dir auf dieser Erde fern,
sondern alles und alle mögen uns
im glühenden Verlangen stützen, in Frieden
und auf ewig in dir zu ruhen. Amen.

2. November 2014

Anrufung des Friedens durch den Menschen

Herr, Gott des Friedens, erhöre unser Flehen!

Viele Male und über viele Jahre hinweg haben wir versucht, unsere Konflikte mit unseren Kräften und auch mit unseren Waffen zu lösen; so viele Momente der Feindseligkeit und der Düsternis; so viel vergossenes Blut; so viele zerstörte Leben; so viele begrabene Hoffnungen …

Doch unsere Anstrengungen waren vergeblich. Nun, Herr, hilf Du uns! Schenke Du uns den Frieden, lehre Du uns den Frieden, führe Du uns zum Frieden! Öffne unsere Augen und unsere Herzen, und gib uns den Mut zu sagen: »Nie wieder Krieg!«, »Krieg zerstört alles!«. Gib uns Mut, konkrete Taten zu vollbringen, um Frieden zu stiften. Herr, Gott Abrahams und der Propheten, Gott der Liebe, der du uns erschaffen hast und uns aufrufst, als Brüder zu leben, schenke uns die Kraft, jeden Tag Baumeister des Friedens zu sein; schenke uns die Fähigkeit, allen Mitmenschen, die unseren Weg kreuzen, mit wohlwollendem Blick zu begegnen. Mach uns bereit, den Ruf unserer Mitmenschen zu hören, die uns bitten, unsere Waffen in Werkzeuge des Friedens zu verwandeln, unsere Ängste in Vertrauen und unsere Spannungen in Vergebung. Halte in uns die Flamme der Hoffnung am Brennen, damit wir mit geduldiger Ausdauer Entscheidungen im Dialog und mit Versöhnung treffen, auf dass endlich der Friede siege. Und mögen die Worte Spaltung, Hass und Krieg aus dem Herzen jedes Menschen verbannt werden! Herr, entwaffne die Zunge und die Hände, erneuere Herzen und Geist, damit das Wort, das uns einander begegnen lässt, immer »Bruder« laute und unser Leben seinen Ausdruck finde in Shalom, Frieden, Salam! Amen.

Anrufung des Friedens, 8. Juni 2014

Gebet an Maria, Frau des Hörens

Maria, Frau des Hörens,
öffne unsere Ohren;
lass uns das Wort deines Sohnes Jesus
unter den tausend Worten dieser Welt heraushören;
mach, dass wir lernen, auf die Wirklichkeit zu hören,
in der wir leben,
auf jeden Menschen, dem wir begegnen,
besonders auf die Armen, Bedürftigen und alle, die in Not sind.
Maria, Frau der Entscheidung,
erleuchte unseren Verstand und unser Herz,
damit wir dem Wort deines Sohnes Jesus

ohne Zögern zu gehorchen wissen;
gib uns den Mut zur Entscheidung,
dazu, uns nicht mitreißen zu lassen,
wenn andere unser Leben zu bestimmen drohen.
Maria, Frau des Handelns,
lass unsere Hände und Füße
zu den anderen »eilen«,
um die Liebe deines Sohnes Jesus herbeizutragen,
um wie du das Licht des Evangeliums in die Welt zu tragen. Amen.

Homilie, 31. Mai 2013

Für die Gemeinschaften und die Berufung für geistliche Berufe

Vater der Barmherzigkeit,
der du deinen Sohn zu unserem Heil
hingegeben hast
und uns immer mit den Gaben deines Geistes unterstützt,
gewähre uns lebendige, feurige und frohe christliche Gemeinden,
die Quellen geschwisterlichen Lebens sind
und die unter den jungen Menschen den Wunsch wecken,

sich dir und der Evangelisierung zu weihen.
Unterstütze sie in ihrem Bemühen,
eine angemessene Berufungskatechese
und Wege der besonderen Hingabe anzubieten.
Gib Klugheit
für die notwendige Beurteilung der Berufungen,
sodass in allem die Größe deiner barmherzigen Liebe aufleuchte.
Maria, Mutter und Erzieherin Jesu,
bitte für jede christliche Gemeinschaft,
damit sie, fruchtbar durch den Heiligen Geist,
Quelle echter Berufungen
für den Dienst am heiligen Volk Gottes sei.

Botschaft, 29. November 2015

Gebete zum heiligen Donnerstag für das Priestertum

An diesem Gründonnerstag bitte ich Jesus, den Herrn, dass er viele junge Menschen jene Glut des Herzens entdecken lässt, die ein Feuer der Freude entfacht, sobald man den Wagemut aufbringt, unverzüglich auf seinen Ruf zu antworten.

An diesem Gründonnerstag bitte ich Jesus, den Herrn, dass er das frohe Leuchten in den Augen der Neugeweihten bewahre, die ausziehen, um die Welt »abzuweiden«, um sich inmitten des gläubigen Gottesvolkes aufzureiben; die sich freuen bei der Vorbereitung der ersten Predigt, der ersten Messe, der ersten Taufe, der ersten Beichte … Es ist die Freude, zum ersten Mal als Gesalbte, voller Staunen, den Schatz des Evangeliums teilen zu können und zu spüren, dass das gläubige Volk wiederum dich salbt, auf andere Weise: mit ihren Bitten, wenn sie den Kopf vor dir neigen, damit du sie segnest, wenn sie dir die Hände drücken, wenn sie dir ihre Kinder bringen, wenn sie für ihre Kranken bitten …

> Bewahre, Herr,
> in deinen jungen Priestern
> die Freude des Aufbruchs,
> alles wie etwas Neues zu tun,
> die Freude, ihr Leben für dich zu verbrennen.

An diesem Priesterdonnerstag bitte ich Jesus, den Herrn, die priesterliche Freude in denen zu bekräftigen, die schon viele Jahre lang Dienst tun. Jene Freude, die sich, ohne aus den Augen zu verschwinden, auf die Schultern derer legt, die die Last des Dienstes ertragen, Priester, die den »Puls der Arbeit« kennen, ihre Kräfte sammeln und sich erneut wappnen: Sie »atmen tief durch«, wie die Sportler sagen.

Bewahre, Herr,
die Tiefe und die weise Reife der Freude
der schon lange dienenden Priester.
Mögen sie wie Nehemia zu beten verstehen:
Die Freude am Herrn ist meine Stärke
(vgl. *Neh* 8,10).

Schließlich bitte ich an diesem Priesterdonnerstag Jesus, den Herrn, dass die Freude der alten, gesunden oder kranken Priester erstrahle. Es ist die Freude des Kreuzes, die aus dem Bewusstsein entspringt, einen unversiegbaren Schatz in einem irdenen Gefäß zu tragen, das allmählich zerbricht. Mögen sie es verstehen, an jedwedem Ort zufrieden zu sein, und in der Vergänglichkeit der Zeit den Geschmack des Ewigen kosten *(Romano Guardini)*.

Mögen sie, o Herr,
die Freude empfinden, die Fackel weiterzugeben,
die Freude, die nachfolgenden Generationen wachsen zu sehen
und mit einem Lächeln die Verheißungen zu grüßen,
in jener Hoffnung, die nicht enttäuscht.

Homilie, 17. April 2014

Gebet an die Jungfrau, damit sie unser Herz verändere

Jungfrau und Mutter Maria,
vom Heiligen Geist geführt
nahmst du das Wort des Lebens auf,
in der Tiefe deines demütigen Glaubens
ganz dem ewigen Gott hingegeben.
Hilf uns, unser »Ja« zu sagen
angesichts der Notwendigkeit, die dringlicher ist denn je,
die Frohe Botschaft Jesu erklingen zu lassen.
Du, von der Gegenwart Christi erfüllt,
brachtest die Freude zu Johannes dem Täufer
und ließest ihn im Schoß seiner Mutter frohlocken.
Du hast, bebend vor Freude,
den Lobpreis der Wundertaten Gottes gesungen.
Du verharrtest standhaft unter dem Kreuz
in unerschütterlichem Glauben
und empfingst den freudigen Trost der Auferstehung,
du versammeltest die Jünger
in der Erwartung des Heiligen Geistes,
damit die missionarische Kirche entstehen konnte.
Erwirke in uns nun einen neuen Eifer als Auferstandene,

um allen das Evangelium des Lebens zu bringen,
das den Tod besiegt.
Gib uns den heiligen Wagemut, neue Wege zu suchen,
damit das Geschenk der Schönheit, die nie erlischt, zu allen gelange.
Du, Jungfrau des hörenden Herzens und des Betrachtens,
Mutter der Liebe, Braut der ewigen Hochzeit,
tritt für die Kirche ein, deren reinstes Urbild du bist,
damit sie sich niemals verschließt oder stillsteht in ihrer Leidenschaft, das Reich Gottes aufzubauen.
Stern der neuen Evangelisierung,
hilf uns, dass wir leuchten
im Zeugnis der Gemeinschaft,
des Dienstes, des brennenden und hochherzigen Glaubens,
der Gerechtigkeit und der Liebe zu den Armen,
damit die Freude aus dem Evangelium
bis an die Grenzen der Erde gelange
und keiner Peripherie sein Licht vorenthalten werde.
Mutter des lebendigen Evangeliums,
Quelle der Freude für die Kleinen,

bitte für uns.
Amen. Halleluja!

Evangelii gaudium, 288

Gebet der Heiligen Faustyna

(Papst Franziskus ruft in der Botschaft zum XXXI. Welttag der Jugend, 2016, alle dazu auf, es mitzubeten)

Hilf mir, o Herr,
dass meine Augen barmherzig schauen,
damit ich niemals nach äußerem Anschein verdächtige
und richte, sondern wahrnehme,
was schön ist in den Seelen meiner Nächsten,
und ihnen zu Hilfe komme […]
dass mein Gehör barmherzig wird,
damit ich mich den Bedürfnissen meiner Nächsten zuneige, dass meine Ohren nicht gleichgültig bleiben
gegenüber Leid und Klage meines Nächsten […]
dass meine Zunge barmherzig wird,
dass ich niemals über meine Nächsten abfällig rede,
sondern für jeden ein Wort des Trostes und der Vergebung habe […]
dass meine Hände barmherzig
und voll guter Taten sind […]

dass meine Füße barmherzig sind,
dass sie meinen Nächsten immer zu Hilfe eilen
und die eigene Mattheit und Müdigkeit beherrschen […]
dass mein Herz barmherzig ist,
auf dass ich an den Leiden meines Nächsten Anteil nehme.

Heilige Faustyna Kowalska, Tagebuch, Nr. 163